Autista...
e agora?

Dados Internacionais de Catalogação na Publicação (CIP)
(Câmara Brasileira do Livro, SP, Brasil)

Maluf, Angela Cristina Munhoz
  Autista – e agora? : teoria e práticas vivenciais / Angela Cristina Munhoz Maluf. – Petrópolis, RJ : Vozes, 2023.

Bibliografia.

2ª reimpressão, 2024.

ISBN 978-65-5713-949-3

1. Dificuldade de aprendizagem 2. Educação inclusiva 3. TEA (Transtorno do Espectro do Autismo) I. Título.

23-154329   CDD-371.94

Índices para catálogo sistemático:
1. TEA : Transtorno do Espectro do Autismo :
Educação inclusiva 371.94

Cibele Maria Dias – Bibliotecária – CRB-8/9427

Angela Cristina Munhoz Maluf

Autista...
e agora?

Teorias e práticas
vivenciais

EDITORA
VOZES

Petrópolis

© 2023, Editora Vozes Ltda.
Rua Frei Luís, 100
25689-900 Petrópolis, RJ
www.vozes.com.br
Brasil

Todos os direitos reservados. Nenhuma parte desta obra poderá ser reproduzida ou transmitida por qualquer forma e/ou quaisquer meios (eletrônico ou mecânico, incluindo fotocópia e gravação) ou arquivada em qualquer sistema ou banco de dados sem permissão escrita da editora.

CONSELHO EDITORIAL

Diretor
Volney J. Berkenbrock

Editores
Aline dos Santos Carneiro
Edrian Josué Pasini
Marilac Loraine Oleniki
Welder Lancieri Marchini

Conselheiros
Elói Dionísio Piva
Francisco Morás
Gilberto Gonçalves Garcia
Ludovico Garmus
Teobaldo Heidemann

Secretário executivo
Leonardo A.R.T. dos Santos

PRODUÇÃO EDITORIAL

Aline L.R. de Barros
Marcelo Telles
Mirela de Oliveira
Otaviano M. Cunha
Rafael de Oliveira
Samuel Rezende
Vanessa Luz
Verônica M. Guedes

Conselho de projetos editoriais
Isabelle Theodora R.S. Martins
Luísa Ramos M. Lorenzi
Natália França
Priscilla A.F. Alves

Editoração: Débora Spanamberg Wink
Diagramação: Raquel Nascimento
Revisão gráfica: Anna Carolina Guimarães
Capa: Estúdio 483

ISBN 978-65-5713-949-3

Este livro foi composto e impresso pela Editora Vozes Ltda.

Saber o que é AUTISMO faz com que nós reflitamos acerca do desenvolvimento integral do indivíduo autista, bem como nos auxilia a compreender a luta das famílias em prol da qualidade de vida de um membro familiar com diagnóstico de AUTISMO. Além disso, permite-nos encarar o indivíduo autista em sua plenitude, em vez de limitarmos nosso olhar apenas para a sua condição específica, o que pode resultar em discriminações e preconceitos. Só mesmo estudando e compreendendo o Transtorno do Espectro Autista (TEA) poderemos lidar com o indivíduo autista, sobretudo aumentar e melhorar a inclusão dele na sociedade, na família e na escola.

Angela Cristina Munhoz Maluf

Considerações iniciais

Este livro apresenta uma temática
delicada e atual.
O AUTISMO é uma realidade
no cenário educacional.
Marcos legais e históricos,
princípios para a escola ideal.

Autistas são seres humanos
como todas as outras crianças.
Assim diz a autora, que mostra,
neste livro, sinal de esperança.
Trata a todos como iguais
em suas dificuldades
e semelhanças.

A educação e
a escola não estão
preparadas para a inclusão
em potência,
causando exclusão,
discriminação, preconceito,
reprovação e repetência.

O autista precisa ser respeitado
em sua essência e suas necessidades.
Precisa de um lar,
tratamento multidisciplinar,
amor, atenção, escolarização,
trabalho/ocupação.

"Um aprendendo com o outro,
e juntos encontrando caminhos."
Esta é a melhor solução:
vamos tratar os
autistas com carinho,
respeitar o seu ritmo
de aprendizagem e
evolução.

É importante a
colaboração entre profissionais
de diferentes áreas de atuação.
Equipes multidisciplinares
na clínica e na escola
seriam uma boa solução
para amenizar o sofrimento
e incluir os autistas,
isso só com o coração.

Este livro é algo novo e encantador
escrito com a voz da esperança,
da conscientização e da capacitação,
não só de pais e educadores, mas também de todos
os profissionais da saúde e da educação
e de cidadãos que lutam juntos
para uma grande transformação.

O AUTISMO NÃO PODE ESPERAR. VAMOS JUNTOS
LUTAR!
#autismo #TEA #respeito #amor #inclusão #plenitude

Cleison Luis Rabelo
Diretor Geral da Faculdade Plus e da Faculdade Regional Jaguaribana
(FRJ)
Pedagogo, arte-terapeuta, mestre em Educação, psicopedagogo e coach
Fortaleza (CE)

Sumário

Apresentação, 11

Relato do pai do Daniel, 13

1 Significando o autismo/TEA, 21

2 Principais marcos históricos do autismo, 26

3 Incidência do autismo e diferença entre meninos e meninas, 39

4 Causas do autismo, 43

5 Referências de Categorias e Níveis de Comprometimento, 47

6 Alguns sinais de alerta e estereotipias, 56

7 Escola ideal e inclusiva para autista, 61

8 Indicadores de comportamentos autísticos em sala de aula, 70

9 Práticas pedagógicas para autistas, 75

10 Dicas de intervenções em comunicação, emoções/sentimentos, interação social, mudanças, interesses, expressão escrita, matemática e educação física, 80

11 A importância do brincar, dos brinquedos e das brincadeiras, 87

12 A família e o autismo, 98

13 Diagnóstico e classificação médica do autismo, 104

14 Tratamento para o autismo, 113

15 Direitos garantidos para indivíduos com autismo, 123

Referências, 129

Apresentação

Autistas são seres humanos como todos os outros. Alguns indivíduos têm dificuldade para aprender a ler, outros para andar, outros para entender matemática, outros para falar, e por aí vai... Quem não tem alguma dificuldade?

O AUTISMO ou, conforme o nome técnico oficial, TRANSTORNO DO ESPECTRO AUTISTA (TEA) é considerado por estudiosos um conjunto de perturbações ou alterações neurológicas, que apresentam um vasto leque de manifestações. É caracterizado por dificuldades na interação social, na comunicação, no comportamento, nos interesses e nas atividades.

A gravidade dos sintomas é variável e depende do grau de funcionalidade, que mostra o comprometimento das perturbações ou alterações neurológicas, havendo a necessidade, dependendo do grau de comprometimento, de suporte para a realização das atividades do dia a dia. E isso varia de indivíduo para indivíduo, pois cada um tem uma maneira diferente de ver o mundo e aprender.

O indivíduo com AUTISMO não traz sinais de sua condição na aparência, o que dá a impressão de não apresentar nenhum tipo de necessidade, gerando desconfiança nas pessoas que o cercam. Pode ser julgado como mal-educado, indisciplinado, entre outros adjetivos pejorativos. Mas as implicações do AUTISMO podem ser notadas na independência, no aprendizado, no comportamento em geral e na funcionalidade (que permite ao indivíduo a execução de habilidades em seu cotidiano).

A educação do nosso país não está preparada para uma inclusão em que os potenciais do indivíduo autista sejam trabalhados de forma integral. Os pais, com frequência, sentem-se abandonados e acabam não disponibilizando tempo e atenção necessária ao filho, pois não aceitam a condição dele e muitas vezes se veem sem nenhum tipo de orientação, o que só piora o quadro do seu filho autista.

Ao longo de sua existência, a pessoa com AUTISMO vai precisar de diagnóstico, tratamento multidisciplinar, escolarização, trabalho/ocupação e, em alguns casos, moradias assistidas. Em cada momento, a cada fase da vida, saberemos qual a melhor escola, qual a melhor terapia, qual o melhor esporte e quais as atividades mais adequadas para o indivíduo autista.

Vamos dar para esse indivíduo o que já é dele por direito: educação e oportunidades! Vale lembrar que a troca de informações entre os pais e os profissionais pode ser rica e ajudar muito a construir conhecimentos – "um aprendendo com o outro, e juntos encontrando caminhos". E nenhum caminho será longo se todos conhecerem, apoiarem e auxiliarem o indivíduo com AUTISMO.

A autora

Relato do pai do Daniel

Gostaria de agradecer a Daniel Jordão por conceder este interessante relato sobre o seu filho, Daniel, o qual faz parte de uma família feliz, que está consciente da condição dele e que luta diariamente para lhe proporcionar, com muito amor e dedicação, oportunidades para expandir seus potenciais. Ao Daniel, é oferecida uma educação que visa ao seu desenvolvimento pessoal e à sua atuação cooperativa na sociedade, com possibilidades para se tornar um adulto feliz, capaz e independente. Eis o relato:

– Vou falar sobre o meu filho, que também se chama DANIEL, atualmente com 6 anos. Daniel, desde bebê, foi quieto, calmo e tranquilo, em casa ou em ambientes sociais. Ele nos deu apenas os trabalhos básicos: alimentação, higienização e afins. Pouco chorava, sempre sorridente e brincalhão. Como pai, jamais esquecerei nem mesmo o dia de seu nascimento, pois vi em minha frente um bebê rosado, saudável – um filho muito amado e esperado. Teve sempre à sua volta pais solícitos, em vigília constante, e cresceu em um berço familiar com grandioso amor e muita atenção por parte de todos.

Eu e minha esposa somos pais de primeira viagem, os chamados "babões", e acredito que demoramos a ver qualquer aspecto que estivesse fora da normalidade. Seu crescimento foi, em nossa perspectiva, igual ao de qualquer criança: balbucio presente nos 6 meses de vida, rolou, sentou-se e engatinhou na época certa, seu caminhar independente começou aos 13 meses.

Contudo, alguns familiares mais próximos começaram aos poucos a fazer alguns apontamentos: "vocês mimam demais", "deixem o Daniel fazer mais isso ou aquilo". Outros opinavam dizendo que aquele comportamento era normal e que cada pessoa tem o seu tempo no crescimento.

Enfim, acredito que sejam coisas que qualquer pai ou mãe ouve de terceiros – particularmente, chamo-os de pseudoeducadores. Ouço o que eles têm a dizer pela convivência social, mas escuto os conselhos ou as palavras somente depois de passarem por vários crivos pessoais, a partir dos quais avalio se aquelas informações são válidas ou não.

Há uma diferença nesses dois atos: ouvir é um ato mecânico do corpo do indivíduo, e escutar é um processo intelectual em que o indivíduo decide se irá dar atenção ou não a determinados questionamentos sociais e morais e/ou mesmo a aconselhamentos de terceiros, agindo assim de maneira a concordar ou discordar com a assimilação do teor da informação.

Sou muito grato por ter uma esposa magnífica, dotada de enorme empatia, grande praticidade e uma inteligência emocional de nível extraordinário. Eu já sou o contrário: sempre fui mais racional e, em alguns momentos, mais frio. Gosto de filosofar sobre todo e qualquer assunto e buscar sempre embasamento técnico e científico. Sendo assim, gosto de ler, aprender e estudar todo e qualquer tipo de assunto.

E foi em um fim de semana qualquer que, trabalhando em casa, recebi uma ligação de minha esposa. Estava chateada porque a irmã havia mencionado que nosso filho poderia ser autista ou necessitar de alguma avaliação médica sobre seu desenvolvimento.

Meu emocional estava à flor da pele; eu sabia pouco sobre o assunto e logo a interrompi. Sou reativo: quando sinto emoções alteradas, eu me torno ofensivo e defensivo, e em último estado tento ser compassivo, mas para isso preciso racionalizar e processar de maneira técnica o que eu ouvi. Então disse para ela *que não sabia nada sobre o assunto e que,* quando ela chegasse em casa, *conversaríamos sobre isso, pois eu teria pesquisado algo.*

Hoje dou risada, pois procurei na internet e era como se tudo fosse a coisa mais simples e objetiva do mundo, mas no dia a dia, o AUTISMO tem muitos entraves. Na época, de forma resumida, o que meu cérebro processou foi algo mais ou menos assim: AUTISMO é uma condição que demanda um esforço no campo intelectual, no aprendizado e, em alguns casos, nos aspectos motores ou físicos; todos podem ter ou não ter comorbidades, as quais podem ser tratadas com remédios ou outras ações menos medicamentosas; o AUTISMO em si não tem cura e pode ser, em alguns casos, minimizado, de modo a proporcionar ao indivíduo ou à família uma vida mais próxima de uma "normalidade". Entendendo isso, eu e minha esposa conversamos e traçamos linhas de ação, sendo elas *a priori*: investigação, avaliação, decisão e adaptação.

Compreendemos, hoje, que essas linhas são um ciclo permanente na evolução de nosso filho, e elas se tornaram elementos balizadores constantes e temporais no processo de desenvolvimento dele. Nesse ciclo estão outros pais, médicos, educadores, famílias, bem como outros autistas.

Mas parece que naquele dia caiu o véu que cobria os nossos olhos. Dávamos amor, carinho e dedicação ao nosso filho e, aos poucos, começamos a observá-lo mais: como ele andava em alguns momentos na ponta dos pés, como certos sons o incomodavam de uma maneira diferenciada, como o olhar algumas vezes ficava disperso. Em um determinado período, ele parou de falar e ficava só apontando e puxando para um ponto ou outro o que ele queria, e a seletividade alimentar começou a se mostrar cada vez mais forte e presente.

A *seletividade alimentar* é um elemento que, acredito, prejudicou as estruturas fisiológicas e até fonológicas do nosso filho. Apesar de nunca ter usado chupeta, ele chupava dedo, o dedão, e basicamente o seu alimento era o leite na mamadeira. Mamou até um pouco mais de 3 anos de idade. Houve um tempo em que ficamos por 12 meses ou mais entrando e saindo de hospitais por causa de uma otite constante, passamos por muitos médicos. Quando estávamos sem forças, quando o corpo do nosso pequeno não aceitava nem mais o antibiótico oral, apenas o intramuscular tinha efeito, um médico descobriu que a causa era *o leite*: quando Daniel mamava e dormia, a acidez e outros elementos desse alimento subiam para o ouvido. Assim, ele nos aconselhou a uma mudança de hábitos de alimentação e de sono, alterando o horário de alimentar e de colocá-lo para dormir após comer. Isso mudou a vida de todos nós.

Outras vivências aconteceram, mas, quando ele teve otite, procuramos vários médicos, dos mais variados corpos clínicos, e eles nos mostraram que jamais deveríamos acreditar em soluções simples.

Por exemplo, na primeira vez em que levamos nosso filho a uma fonoaudióloga credenciada como especialista no campo do autismo, ela nos disse que a culpa de nosso filho apresentar certos quadros comportamentais e a ausência ou o baixo desenvolvimento linguístico era nossa, pois nós o "mimávamos" demais. Assim, deveríamos colocá-lo em uma escola e só depois de um ano voltar ao consultório dela.

Sou questionador e estudioso. No primeiro dia que pesquisei sobre o AUTISMO/TEA, o que mais chamou minha atenção foi a palavra "multidisciplinar". Entendi naquele dia que teríamos que tratar o Daniel com vários profissionais e meios para o desenvolvimento dele. Quando eu achava que deveríamos parar de levar o Daniel a vários profissionais, minha esposa, em alguns momentos até mais do que eu, falava para continuarmos a fazer isso; quando era ela quem queria parar de levá-lo, eu a incentivava para o levarmos. E hoje temos uma equipe multiprofissional para cuidar do Daniel.

Outros pais e a escola foram fatores-chave no quesito profissionais educadores. Quem mais fez diferença não foram as pessoas que tinham formação ou estudo aplicado ao autismo, mas sim aquelas que tinham vivência com essa condição. Conhecemos pessoas fantásticas que se tornaram profissionais por causa de um filho com autismo ou mesmo com outra necessidade especial – pessoas que riram conosco, choraram conosco, abraçaram o Daniel como filho ou parente deles. Vocês, aqui anônimos, estarão sempre em nossos corações!

Ao viver toda essa jornada, comecei a perceber que o grande problema de uma equipe multidisciplinar para o AUTISMO/TEA é que talvez ela não sirva para ele. Como assim?

O procedimento multidisciplinar consiste em colocar a criança com AUTISMO/TEA com uma equipe de especialistas e médicos que atenderão ao seu filho de maneira individualizada e, muitas vezes, sem muitas interações entre as áreas. Por exemplo, o psicólogo mal fala com o pediatra, que mal fala com a escola, ou não interagem nem mesmo com outros elementos familiares além dos pais ou cuidadores, ou até pior, focam apenas o paciente – e inclusive isolam os pais. Acredito que o melhor meio para combater o AUTISMO/TEA é algo que está entre o MULTIDISCIPLINAR e o TRANSDISCIPLINAR, que podem ser definidos como se segue:

MULTIDISCIPLINAR: O capítulo "A psicologia no Hospital da Misericórdia: um modelo de atuação" (BRUSCATO, 2004) relata o trabalho da equipe multidisciplinar, que visa avaliar o paciente de maneira independente e executa seus planos de tratamento como uma camada adicional de serviços. Logo, <u>essa equipe não apresentava um trabalho coordenado ou uma identidade grupal, e o responsável pela decisão do tratamento, em geral, era o médico, de modo que os outros profissionais deveriam se adequar à demanda do paciente e às decisões do médico.</u> As principais características são as seguintes:

- Existe uma independência entre os profissionais de diferentes áreas de atuação;
- Não há interação entre esses profissionais;
- Cada um é responsável apenas por sua função.

TRANSDISCIPLINAR: De acordo com Campos (1995), no livro *Psicologia hospitalar: a atuação do psicólogo em hospitais*, a abordagem em equipe deve ser comum a toda a assistência à saúde. Isso porque o principal aspecto positivo da atuação em equipe transdisciplinar é a possibilidade de colaboração de várias especialidades que denotam conhecimentos e qualificações distintos. Assim, a integração da equipe de saúde é imprescindível para que o atendimento e o cuidado alcancem a amplitude do ser humano, transcendendo a noção de conceito de saúde. As principais características são as seguintes:

- Existe colaboração entre os profissionais de diferentes áreas de atuação;
- Há interação entre esses profissionais;
- Cada um é responsável por sua função, porém a decisão e a responsabilidade recai sobre o especialista da área em questão.

Para Pineau e Paul (2005), a transdisciplinaridade tenta suprir uma anomalia do sistema anterior. Não destrói o sistema antigo, apenas é mais aberta, mais ampla. A necessidade dela decorre do desenvolvimento da cultura, da complexidade e dos conhecimentos humanos. Essa nova complexidade exige que se teçam os laços entre a genética, a biologia, a psicologia e a sociedade, e aspectos espirituais ou sagrados devem também ser reconhecidos. É uma epistemologia, uma metodologia proveniente do caminho científico contemporâneo, adaptado, portanto, aos movimentos societários atuais. Os autores indicam as seguintes características:

- Existe uma interdependência entre os profissionais de diferentes áreas de atuação;
- Há interação entre esses profissionais de forma sistematizada;
- Todos são responsáveis pelo processo, inclusive partilhando decisões e responsabilidades.

Ao longo dos acontecimentos descritos em todo esse relato, que compacta sete anos de caminhada ao lado do meu filho, comecei a produzir relatórios de desenvolvimento que nasceram, primeiramente, como um elemento de apoio, para eu não ter que sempre repetir a história para os profissionais que atuam no modelo MULTIDISCIPLINAR. Cada vez que há a necessidade de troca de profissional, no geral, não há troca de conhecimento entre um especialista e outro, mas, com os relatórios, o atendimento inicia-se sem a necessidade do desgaste contínuo de apresentar o mesmo caso novamente, perdendo-se um tempo valioso no desenvolvimento do paciente com AUTISMO/TEA.

Com todo o corpo clínico organizado pelo plano de saúde funcionando de forma similar para atender a um indivíduo que sofre com o TEA, busquei complementar o desenvolvimento infantil do meu filho com tecnologia e com embasamento técnico dos profissionais que o atendem hoje. Comecei a enxergar todos esses elementos e procurar profissionais mais receptivos a trocar informações, conversar com outros profissionais e, se preciso, até mesmo se deslocar a locais onde as interações do paciente com AUTISMO/TEA são vitais.

Tive toda uma jornada entre aprender e conhecer pessoas, estudos e técnicas, e foi ao percorrer esse caminho, na ânsia e na busca por mais respostas, que conheci Angela Cristina Munhoz Maluf, neuropsicopedagoga clínica. Vi que é uma estudiosa e profissional que procura uma personalização para o ensino e a aprendizagem por meio do *estudo das particularidades, do ambiente e dos demais elementos somatórios para a evolução desse indivíduo ao longo da vida.* Da mesma forma, ela se preocupa com *as particularidades da pessoa com autismo/tea diante dos meios sociais, familiares e educacionais.* Acredito que os seus trabalhos estão mais alinhados com as necessidades do AUTISMO/TEA e com o modelo interdisciplinar.

Eu e minha esposa somos gratos a Deus e a todos que em providência divina cruzaram o nosso caminho – alguns são pais, outros mestres ou doutores. Também agradecemos a todos que tiveram e têm sua relevância no desenvolvimento, no crescimento e na escrita da história de vida do nosso pequeno e amado filho, Daniel.

Gratidão eterna a todos que se dedicam em vida, com corpo e alma, à evolução desse conhecimento e que buscam o entendimento da mente e do espírito do ser humano, em especial a Angela Cristina Munhoz Maluf, por apresentar novas perspectivas e formas de pensar para embasar as ações para nosso filho, para nossa vida.

Daniel Jordão,
Pai e publicitário

1
Significando o autismo/TEA

A palavra AUTISMO vem do grego *autos*, que significa "si mesmo", traduzindo uma condição do ser humano. Assim, o AUTISMO é um estado em que o indivíduo vive para si mesmo. No século XIX, era considerado uma patologia mental, ou seja, uma deficiência da inteligência, e estudos sobre o tema são realizados por pesquisadores e médicos de todo o mundo há mais de cem anos.

Crianças que tinham qualquer tipo de psicopatologia eram diagnosticadas com "idiotia". Benda (1960) destaca que o termo "idiotia", de origem grega, tem o mesmo significado de AUTISMO e define um indivíduo que vive em seu próprio mundo, uma pessoa fechada ou reclusa. É a expressão precursora das psicoses infantis, da esquizofrenia e do autismo, com base na qual as pessoas eram segregadas da sociedade.

Baron-Cohen, Leslie e Frith (1986) buscaram explicar o AUTISMO a partir de déficits na capacidade de representar, ou seja, na habilidade de desenvolver uma teoria da mente, ou ainda a capacidade para atribuir estados mentais a outras pessoas e predizer o comportamento delas em função dessas atribuições (cf. PREMACK; WOODRUFF, 1978). De acordo com Eugen Bleuler (1911, p. 7), "chamamos de AUTISMO o desligamento da realidade combinado com a predominância relativa ou absoluta da vida interior. [...] Para os doentes, o mundo autístico é tão verdadeiro como o mundo real, ainda que, por vezes, uma outra realidade". Já para Kaplan (1997), o AUTISMO é uma síndrome que causa estigmas e sofrimento inesperado nas famílias.

O conceito de AUTISMO no CID-10, publicado pela Organização Mundial da Saúde (OMS, 2002), enfatiza o autismo infantil, transtorno global do desenvolvimento marcado por:

a) um desenvolvimento anormal ou alterado, manifestado antes da idade de 3 anos;

b) manifestação de uma perturbação característica no funcionamento de cada um dos três domínios: interações sociais, comunicação e comportamento focalizado e repetitivo.

Além disso, o transtorno é acompanhado habitualmente de muitas outras manifestações inespecíficas, como fobias, perturbações de sono ou da alimentação, crises de birra, agressividade e autoagressividade.

A definição encontrada no *Manual Diagnóstico e Estatístico de Transtornos Mentais (DSM-IV)*, publicado pela Associação Americana de Psiquiatria (APA, 2002), é de que o transtorno autista incide na apresentação de um aumento acentuadamente anormal da interação social e da comunicação, bem como de um repertório muito restrito de atividades e interesses. As manifestações do transtorno variam imensamente, dependendo do nível de desenvolvimento e da idade cronológica do indivíduo.

Gadia (2006) define o AUTISMO como um transtorno complexo do desenvolvimento, do ponto de vista comportamental, que tem diferentes etiologias e se manifesta em graus de gravidade variados. Na mesma direção, para Cunha (2009, p. 20), "o autismo compreende a observação de um conjunto de comportamentos agrupados em uma tríade principal: comprometimentos na comunicação, dificuldades na interação social e atividades restrito-repetitivas". Ao longo de estudos, Coll e Monereo (2010) perceberam que o AUTISMO pode ser entendido de três maneiras, que foram mais fortes em ocasiões históricas diferentes:

- Em um primeiro momento, entendia-se ser um perturbação emocional;

- Em um segundo momento, houve uma mudança na imagem científica e nos modos de tratamento dessa condição, ou seja, a ciência e a medicina passaram a entender o transtorno como uma alteração neurológica, não atribuindo a culpabilidade à família em si, mas sim compreendendo como causa uma relação não adequada entre mãe e filho, e seria dessa forma que o AUTISMO se desenvolveria;

- Em um terceiro momento, já se fazendo referência ao AUTISMO na atualidade, essa condição é vista em um aspecto evolutivo, como um transtorno de desenvolvimento.

Os autores acreditam que, no decorrer dos anos, podem acontecer mudanças importantes, tanto no aspecto psicológico como no aspecto neurobiológico, que contribuirão para a explicar o AUTISMO, quando foram estudadas mais a fundo as funções e estruturas do sistema nervoso.

De acordo com Vargas e Schmidt (2011), muitos pesquisadores passaram a observar crianças com comportamentos psicopatológicos, formulando hipóteses e posições sobre o então chamado transtorno.

Nettina (2012) define o AUTISMO como uma "condição ou estado de origem que aparenta estar invulgarmente absorvido em si próprio". Sob essa perspectiva, o AUTISTA é voltado para si mesmo, não estabelece contato visual com as pessoas nem com o ambiente e tem comprometimento da compreensão. Porém, à medida que a idade avança e o padrão cognitivo vai evoluindo, os comportamentos restritos e repetitivos vão mudando para uma melhora significativa desses sintomas, que podem ser manifestados com maior ou menor intensidade, e quadros mais severos têm um alto grau de dependência e isolamento (ABU-JADI, 2013).

A terminologia "TRANSTORNO DO ESPECTRO AUTISTA (TEA)" foi solidificada no *Manual Diagnóstico e Estatístico de Transtornos Mentais (DSM-V)* (APA, 2014). De acordo com esse manual, o uso dessa expressão é devido a essa condição envolver situações e apresentações muito diferentes umas das outras, em uma gradação que vai da mais leve à mais severa.

O TEA é caracterizado pela presença de "déficits persistentes" e engloba diferentes quadros, marcados por perturbações do desenvolvimento neurológico com particularidades fundamentais, que podem se manifestar em conjunto ou isoladamente. As perturbações do desenvolvimento neurológico são:

- dificuldade de comunicação por deficiência no domínio da linguagem;
- dificuldade no uso da imaginação para lidar com jogos simbólicos;
- dificuldade de socialização;
- padrão de comportamento restritivo e repetitivo;
- interesses focalizados muito específicos, podendo haver também desmodulação sensorial (grande sensibilidade a cheiros, sons, luzes, texturas e sabores).

Por essa razão, a expressão "transtorno do espectro autista" tem sido mais empregada atualmente para mencionar crianças e jovens com Perturbações do Espectro do Autismo (PEAs), além de ser possível encontrá-la em livros, artigos, entre outros.

O indivíduo com TEA frequentemente apresenta comorbidade (termo médico que descreve outras condições que podem se manifestar junto ao transtorno do espectro autista). O *Manual de Classificação Internacional de Doenças (CID-11)* (OMS, 2019) une os transtornos do espectro em um só diagnóstico. Ele estabelece percepções para análise do AUTISMO/TEA semelhantes às do DSM-V. Silva *et al.* (2021) apontam as manifestações clínicas mais frequentes associadas ao TEA, que são:

- transtorno de ansiedade, incluindo as generalizadas e as fobias, transtornos de separação, transtorno obsessivo-compulsivo (TOC), tiques motores (de difícil diferenciação com estereotipias), episódios depressivos e comportamentos autolesivos em torno de 84% dos casos;
- transtornos de déficit de atenção e hiperatividade (TDAH) em cerca de 74% dos casos;
- deficiência intelectual (DI);
- déficit de linguagem;
- alterações sensoriais;
- doenças genéticas, como síndrome do X frágil;
- esclerose tuberosa e síndrome de Williams;
- transtornos gastrointestinais e alterações alimentares;
- distúrbios neurológicos como epilepsia e distúrbios do sono;
- comprometimentos motores, como dispraxia, alterações de marcha ou alterações motoras.

O TEA influencia inúmeros elementos essenciais da vida do indivíduo. Dessa maneira, diagnosticá-lo como AUTISTA e proceder com o tratamento adequado é de suma importância para trazer mais qualidade de vida ao indivíduo que sofre com a condição.

2
Principais marcos históricos do autismo

1906

A terminologia "AUTISMO" foi instituída em 1906 pelo psiquiatra suíço Plouller (1906 *apud* GAUDERER, 1993), quando estudava o processo de pensamento de pacientes com diagnóstico de esquizofrenia, com sinal clínico de isolamento.

1908

Em 1908, a primeira pessoa a empregar o termo foi o psiquiatra austríaco Bleuler. A partir de observações feitas em crianças com doença grave, percebeu que essas crianças apresentavam dificuldades para interagir socialmente e tinham tendência a isolar-se, além de estereotipias (repetições e rituais que podem ser linguísticos, motores e até posturais), bem como ecolalia. No entanto, com base nesse quadro, ao qual ele denominou "distúrbio autístico do contato afetivo" (que se diferencia da esquizofrenia) (BLEULER, 1911), destacou o AUTISMO como um transtorno da relação entre o indivíduo e a realidade. Concluiu que o AUTISTA vive em seu próprio mundo e que os indivíduos, nesse contexto, viveriam longe da sociedade em geral.

1933

Howard Potter (1933) apresentou casos de crianças com alterações semelhantes às relatadas por Bleuler (1911) utilizando a expressão "esquizofrenia infantil" e formulou os primeiros critérios diagnósticos, segundo os quais a criança isolava-se do mundo externo em resposta à indiferença e à ausência dos pais.

1943

A definição do AUTISMO foi dada por Leo Kanner (1943), um dos primeiros psiquiatras a dedicar-se ao estudo das crianças e aos males que as afetavam. Em sua pesquisa, Kanner estudou 11 crianças que tinham entre 2 e 11 anos de idade, três meninas e oito meninos, e descreveu todas as suas análises em um artigo publicado na revista *Nervous Children*. Nessa publicação, Kanner adverte que a característica fundamental dessa condição é o "isolamento autístico". Esse isolamento acontecia com a criança desde o início da infância, indicando que era um distúrbio congênito.

Enquanto Kanner aprofundava-se no AUTISMO, o médico austríaco Hans Asperger (1943) avaliava crianças que apresentavam um conjunto de fatores semelhantes aos descritos por Kanner. No entanto, os indivíduos avaliados mantinham como característica a presença da intelectualidade e a maior capacidade de comunicação. No título de sua pesquisa, Asperger empregou a expressão "psicopatia autista", a qual seria manifestada por transtorno severo na interação social, uso atrevido da fala e gestos motores desajeitados, com incidência apenas no sexo masculino. O autor valeu-se da exposição de determinados estudos clínicos, diferenciando história familiar, aspectos físicos e comportamentais e *performance* nos testes de inteligência, além de destacar a preocupação com o enfoque educacional desses sujeitos. Ambos os estudos destacaram-se na bibliografia mundial; no entanto, em períodos diferentes.

1949

Em 1949, Kanner passou a chamar AUTISMO de AUTISMO INFANTIL PRECOCE. Em seus estudos, percebeu outras características comuns à maioria das crianças: "sérias dificuldades de contato com as pessoas; ideia fixa em manter os objetos e as situações sem alterá-los; fisionomia inteligente; alterações na linguagem do tipo inversão pronominal, neologismos e metáforas" (RODRIGUES; SPENCER, 2010, p. 18). Kanner decidiu, então, distinguir autismo de esquizofrenia infantil, embora ainda o mantivesse no grupo das psicoses infantis, e ressaltou a necessidade de verificar o AUTISMO como sintoma principal, afastando esse quadro de outros quadros orgânicos e psíquicos.

De acordo com Lima (2014), ainda em 1949, Kanner voltou a publicar um novo estudo sobre o AUTISMO, dessa vez atribuindo maior ênfase na relação entre AUTISMO e a personalidade das mães e dos pais. É nesse momento que surge o que ficou conhecido como a "teoria da mãe-geladeira", a qual responsabilizava as mães pelo surgimento do autismo em seus filhos.

O termo "mãe-geladeira" era relacionado a crianças expostas a mães que demonstravam praticamente pouca ou nenhuma afeição aos seus filhos, sendo descuidadas e até violentas. Para explicar o surgimento do fato, ao se referir às crianças, Kanner (1949 *apud* LIMA, 2014, p. 117) disse que estas eram mantidas em uma "geladeira que não degela". Em outras palavras, eram pouco amadas. Assim, Kanner levantou a suposição de uma analogia entre autismo e "culpa materna". Como informa Lima (2014, p. 117), Leo Kanner fez a seguinte descrição:

Na maioria dos casos, a gravidez não havia sido bem-vinda e ter filhos era nada mais que uma das obrigações do casamento. A falta de calor materno em relação ao filho ficaria evidente desde a primeira consulta, pois a mãe demonstrava indiferença, distanciamento físico ou mesmo incômodo com a aproximação da criança. A dedicação ao trabalho, o perfeccionismo e a adesão obsessiva a regras seriam outros dos traços dos pais, e os dois últimos explicariam o seu conhecimento de detalhes do desenvolvimento do filho. Mais que isso, os pais muitas vezes se dedicariam a estimular a memória e o vocabulário de sua criança autista, tomando o filho como objeto de "observação e experimentos". Mantido desde cedo em uma "geladeira que não degela" ([KANNER, 1949], p. 425), o autista se retrairia na tentativa de escapar de tal situação, buscando conforto no isolamento.

Entre os principais nomes ao longo das décadas de 1950 a 1970, esteve o do psicanalista Bruno Bettelheim. Ele popularizou a ideia de Kanner das "mães-geladeira", explicando tal fenômeno como proveniente da "indiferença emocional das mães" (MERCADANTE; ROSÁRIO, 2009, p. 36).

1956

Kanner, em 1956, acabou fazendo uma parceria com Eisenberg, um psiquiatra infantil. Ambos perceberam que o AUTISMO poderia surgir depois de algum tempo e de um desenvolvimento (aparentemente) normal da criança (EISENBERG; KANNER, 1956).

1960

Aumentaram as suposições de que o AUTISMO era um transtorno cerebral advindo desde a infância e encontrado em todos os países e grupos socioeconômicos e étnico-raciais.

Houve tentativa de retratação por parte de Kanner, uma vez que sua teoria revelou-se completamente infundada.

1963

O quebra-cabeça, principal símbolo do AUTISMO, foi criado em 1963 por Gerald Gasson, pai de uma pessoa autista e membro do conselho da National Autistic Society (anteriormente The Society for Autistic Children) em Londres.

O conselho acreditava que pessoas com AUTISMO sofriam de uma condição "intrigante". O quebra-cabeça representa a complexidade do TEA, sendo usado pela primeira vez em 1963 e popularizado pela Autism Speaks, entidade norte-americana. A ideia é que ele simbolize as dificuldades de compreensão enfrentadas pelas pessoas com AUTISMO (SÍMBOLOS, 2023).

1965

Em 1965, Mary Temple Grandin, nascida em 1947, começou a falar apenas depois dos 4 anos, quando foi diagnosticada com síndrome de Asperger, distúrbio que faz parte do espectro autista. Mesmo com recomendações médicas para internação em uma instituição psiquiátrica, sua mãe, Anna Eustacia Purves, insistiu para que a filha tivesse uma educação formal, enfatizando que a filha era diferente para as outras pessoas, mas não para ela. Depois de ir muito mal em diversas matérias, como álgebra, Temple começou a explorar o seu potencial com a ajuda de um professor que percebeu a sua maneira peculiar de pensamento. Formou-se em Psicologia e tornou-se Ph.D. em Zootecnia.

Durante a juventude, Temple criou a "máquina do abraço", aparelho que simulava um abraço e acalmava pessoas com autismo. Famosa por revolucionar as práticas de manejo e tratamento de animais em fazendas e abatedouros, ficou conhecida por entender o comportamento animal de uma forma mais profunda, prestando consultorias para a indústria pecuária no mundo inteiro.

Atualmente com 76 anos, Temple reside no Estados Unidos. Ela faz uma comparação entre o comportamento animal e o comportamento das crianças autistas, enfatizando que é preciso agir do mesmo modo, isto é, trabalhando a favor das crianças, ajudando-as a descobrir e desenvolver seus talentos ocultos. Para Temple, os autistas podem ser os inventores do futuro. Toda a sua trajetória de vida é tema do filme *Temple Grandin*, de 2010.

1967

Em 1967, com a publicação do livro *A fortaleza vazia*, Bettelheim (1987) passa a ser reconhecido como um dos principais especialistas em crianças e, em especial, crianças autistas (FEINSTEIN, 2010).

1975

O termo "AUTISMO" apareceu oficialmente, pela primeira vez, no CID-9, em 1975, e foi categorizado como uma psicose da infância (OMS, 1975).

1978

O psiquiatra Michael Rutter (1978) considerou o AUTISMO um distúrbio do desenvolvimento cognitivo, indicando um padrão na concepção do transtorno. Ele sugere um significado com embasamento em quatro fatores:

1) atraso e desvio sociais não só como deficiência intelectual;

2) problemas de comunicação não só em função de deficiência intelectual associada;

3) comportamentos incomuns, tais como movimentos estereotipados e maneirismos;

4) início antes dos 30 meses de idade.

1979

Lona Wing e Judith Gould (1979) descobriram três desvios, e estes foram chamados de tríade. A tríade é responsável por um padrão de comportamento restrito e repetitivo, mas com condições de inteligência que podem variar do retardo mental a níveis acima da média (WING; GOULD, 1979).

Também em 1979, infelizmente o conceito de AUTISMO difundido por Bleuler (1911) foi uma fonte de confusão, como o fez notar Rutter (1978). Para Bleuler, o AUTISMO nos esquizofrênicos significava um retraimento ativo do imaginário; na realidade, sugere-se, primeiramente, "um retraimento".

Desde a descrição de Kanner para o autismo, existiram algumas divergências com Bleuler, o que resultou em uma confusão dos psiquiatras em utilizarem, de forma equivocada, os diagnósticos de esquizofrenia infantil, de psicose infantil e de autismo.

Enquanto para Kanner o autismo configurava-se como uma incapacidade de desenvolver o relacionamento social e a falta de imaginação, para Bleuler, o autismo, nos esquizofrênicos, configurava-se como um retraimento da vida social, uma vida imaginária rica e uma relação entre a esquizofrenia adulta (LEBOYER, 1995).

1980

Foi em 1980 que Rutter, por meio de estudos e produção de pesquisas científicas sobre o AUTISMO, entusiasmou a elaboração do DSM-III. Nessa edição do manual, o autismo foi reconhecido pela primeira vez como uma condição peculiar e posto em uma nova categoria, a dos transtornos invasivos do desenvolvimento (TID). Essa classificação reflete a constatação de que muitas áreas de funcionamento do cérebro são afetadas pelo AUTISMO e pelas condições a ele relacionadas. Assim, a partir de 1980, no campo da psiquiatria, o AUTISMO deixou de ser entendido como uma das "psicoses infantis" e passou a ser considerado um TID (APA, 1980).

1981

Novamente em 1981, em seus estudos, Lorna Wing, que era psiquiatra e mãe de um autista, criou a concepção de AU-TISMO como um espectro e cunhou a nomenclatura "síndrome de Asperger", em referência à Hans Asperger, que havia falecido em 1980. O trabalho de Asperger revolucionou a maneira como o AUTISMO era estudado, e sua influência foi conhecida em todo o planeta (BURGOINE; WING, 1983).

1983

No Brasil, em 1983, houve a fundação da primeira Associação de Pais e Amigos do Autista (AMA) por Raymond Rosenberg. A criação da associação deveu-se às ansiedades e às dúvidas de familiares porque o filho havia recebido o diagnóstico de autismo – e este era todo o conhecimento que as famílias tinham, a palavra "autismo", sem saber precisamente o que era. A partir disso, muitas outras AMAs passaram a existir no âmbito nacional na busca pelos direitos de indivíduos com AUTISMO (AUTISMO, 2023).

1988

O psicólogo Ole Ivar Lovaas (1988) foi um dos primeiros pesquisadores a modificar comportamentos de crianças autistas utilizando a análise do comportamento aplicada, hoje conhecida como terapia comportamental. Na época, 19 crianças autistas com entre 4 e 5 anos foram submetidas a 40 horas de atendimento. Depois de dois anos, o QI delas havia aumentado 20 pontos em média (LOVAAS, 1988).

Ainda em 1988, _Rain Man_ torna-se um dos primeiros filmes comerciais a caracterizar um personagem com AUTISMO. O filme foi essencial para desenvolver e aumentar a conscientização sobre a condição. No entanto, além disso, colaborou para a explanação incorreta de que todos os indivíduos com AUTISMO também têm habilidades "savant" (disfunção cerebral rara em que a pessoa apresenta aptidões altamente desenvolvidas em certas áreas).

1993

Somente em 1993 o AUTISMO passou a integrar a Classificação Internacional de Doenças (CID) da OMS (OMS, EDUSP 2002).

1994

Novos critérios para o AUTISMO foram analisados em 1994, em um estudo internacional multicêntrico, com mais de mil fatos avaliados por mais de 100 avaliadores clínicos. Além disso, os sistemas do DSM-IV e da CID-10 tornaram-se equivalentes, para evitar confusão entre pesquisadores e clínicos. Ainda, a síndrome de Asperger foi adicionada ao DSM, ampliando o espectro do autismo. Uma vez que o autismo foi caracterizado como um espectro, o DSM-IV incluiu nele outras condições, como a síndrome de Asperger (ainda na condição mais leve), o transtorno desintegrativo da infância e a síndrome de Rett. Cabe lembrar que o transtorno desintegrativo da infância é também conhecido como síndrome de Heller, demência infantil ou psicose reintegrativa. Para conhecimento, nessa época, o autismo já era visto como algo ligado à genética (APA, 2002; OMS, 2002).

1999

Em 1999, houve a publicação de um artigo na revista britânica *Lancet*. O autor, Andrew Wakefield, foi o cientista que, no dia 11 de setembro, marcou o início de uma desconfiança internacional sobre vacinas que reverbera até hoje. Ele afirmou que as vacinas podiam acarretar AUTISMO (WAKEFIELD, 1999), mas esse estudo foi descartado, e o cientista chegou a perder o seu registro médico.

2005

O Dia do Orgulho Autista, 18 de junho, foi celebrado pela primeira vez em 2005 pelo grupo Aspies for Freedom (AFF), dos Estados Unidos, e rapidamente se tornou um evento global, que ainda é amplamente comemorado *on-line* (DIA DO..., 2023). O AFF inspirou-se no movimento do Orgulho LGBT+. O sinal do infinito colorido pelas cores do arco-íris é usado como símbolo desse dia, representando "a diversidade, com variações infinitas e infinitas possibilidades".

2007

A Organização das Nações Unidas (ONU) instituiu o dia 2 de abril como o Dia Mundial de Conscientização do Autismo, a fim de chamar atenção da população em geral para a importância de conhecer e tratar o transtorno.

Para conhecimento, a relação da cor azul com o AUTIS-MO originou-se com a Associação de Defesa do Autismo (cuja cor primária é o azul), conhecida como Autism Speaks, já que sua campanha Light it Up Blue [Ilumine em Azul] pede que as pessoas usem azul no Dia Mundial da Conscientização do Autismo. Além disso, essa cor está associada a um sentimento de calma e aceitação em um mundo barulhento e agitado para pessoas do espectro. Essa tonalidade também busca representar a maior incidência de TEA no sexo masculino, já que, para cada quatro meninos, existe uma menina no espectro.

No dia 18 de fevereiro de 2007, foi realizada a primeira campanha mundial de informação sobre a síndrome de Asperger. Essa data foi escolhida por ser o aniversário de Asperger (1943), pediatra austríaco que identificou a condição, e tornou--se o Dia Internacional da Síndrome de Asperger.

2012

Em 2012, foi aprovada a Lei Berenice Piana (BRASIL, 2012), que instituiu a Política Nacional de Proteção dos Direitos da Pessoa com Transtorno do Espectro Autista. A legislação determina o acesso a diagnóstico precoce, tratamento, terapias e medicamento pelo Sistema Único de Saúde (SUS); à educação e à proteção social; ao trabalho e a serviços que propiciem a igualdade de oportunidades. A autora da lei é mãe de três filhos, sendo o caçula autista, o que lhe motivou a luta em defesa das pessoas com esse transtorno. Em dezembro de 2022, essa lei completou 10 anos de vigência.

Em 2012, foi também criado o Modelo Denver de Intervenção Precoce por Sally Rogers e seus colaboradores. Esse modelo foi desenvolvido e aperfeiçoado após muitos anos de estudos e pesquisas no Centro de Excelência em Autismo, o

Mind Institute, localizado em Sacramento, na Califórnia. É um dos poucos métodos de intervenção precoce com eficácia e cientificamente comprovado para crianças com PEAs (ROGERS; DAWSON, 2014).

2013

Em maio de 2013, foi lançada a quinta edição do *Manual Diagnóstico e Estatístico de Transtornos Mentais (DSM-V)* (APA, 2014), editado em 2014. Esse manual trouxe algumas mudanças importantes, entre elas novos diagnósticos e alterações de nomes de doenças e condições que já existiam. Nessa edição, o AUTISMO, assim como a síndrome de Asperger, foi incorporado a uma nova terminologia médica e abrangente – o Transtorno do Espectro Autista ou TEA. O DSM-V tem auxiliado o trabalho de profissionais de saúde mental por todo o mundo.

2018

Em 2018, a data 2 de abril passa a fazer parte do calendário brasileiro oficial como o Dia Nacional de Conscientização do Autismo (DIA MUNDIAL..., 2023). Em junho do mesmo ano, a OMS lançou a 11ª versão do CID (OMS, 2019), acompanhando o DSM-V e também fundindo as classificações diagnósticas do espectro do autismo em um único código, o 6A02, para TEA.

2019

O presidente da República em exercício e o Congresso Nacional sancionam a Lei n.º 13.861, de 18 de julho de 2019 (BRASIL, 2019), que inclui as especificidades inerentes ao TEA nos censos demográficos.

2020

A Lei n.º 13.977, de 18 de janeiro de 2020, conhecida como Lei Romeo Mion (BRASIL, 2020). Sancionada em 8 de janeiro de 2020, criou a Carteira de Identificação da Pessoa com Transtorno do Espectro Autista (Ciptea), que deve ser emitida de forma gratuita, sob responsabilidade de estados e municípios.

Em 21 de setembro, o Ministério da Mulher, da Família e dos Direitos Humanos (MMFDH), instância do Governo Federal, lançou uma cartilha de brincadeiras para crianças com TEA (MMFDH, 2020), para marcar o Dia Nacional de Luta da Pessoa com Deficiência, celebrado nesse dia. Atualmente, o AUTISMO é tema de grande relevância, amplamente discutido.

2023

No dia 17 de julho foi sancionada a Lei 14.624 que formaliza o uso nacional da fita com desenhos de girassóis como simbolo de identificação das pessoas com deficiências ocultas. O cordão de girassóis vai ajudar, por exemplo, autistas a exercerem direitos garantidos em lei, como o atendimento prioritário.

3
Incidência do autismo e diferença entre meninos e meninas

O AUTISMO incide igualmente em famílias de diferentes raças, credos ou classes sociais. O transtorno do espectro autista, assim intitulado pela nomenclatura mais recente, apresenta grande incidência na população, e o número de indivíduos com AUTISMO é muito significativo no mundo. Estima-se que, em todo o globo, uma em cada 160 crianças tenha TEA. Essa suposição mostra um valor médio, e a prevalência descrita pode variar entre os estudos.

Algumas pesquisas, com base em estudos epidemiológicos realizados nos últimos 50 anos, mostram que a prevalência do AUTISMO/TEA parece estar se intensificando universalmente. Há muitas explicações possíveis para esse crescimento aparente, incluindo aumento da conscientização sobre o tema, a extensão dos critérios de diagnóstico e o aprimoramento dos dados relacionados.

É comprovada a maior prevalência do AUTISMO em meninos. Para Suplino (2005), o autismo é um problema neurobiológico que se manifesta normalmente em crianças antes dos 2 anos e meio de idade e, quanto à prevalência, é mais comum em meninos do que em meninas. Na mesma direção, o *Manual Diagnóstico e Estatístico de Transtornos Mentais (DSM-V)* (APA, 2014) esclarece que o TEA é diagnosticado quatro vezes mais frequentemente em meninos. Por sua vez, as meninas são muito menos predispostas a serem diagnosticadas com AUTISMO, e quando são diagnosticadas apresentam mais prejuízos em comparação a suas amigas saudáveis. A dimensão do AUTISMO é de quase cinco meninos afetados com o espectro para cada menina, e estudos apontam duas suposições sobre o porquê de haver essa diferença na incidência.

Uma delas é a de que realmente o transtorno atinge mais meninos, quem sabe por algum fator genético ainda não descoberto. Apesar de diversas teorias, como a do "cérebro supermasculino", arriscarem explicar a diferença na prevalência entre os sexos, não se sabe até o momento a relação exata entre sexo e diagnóstico de AUTISMO (COHEN; SUDHALTER, 2005).

A outra proposição é de Klin (2006) e de outros pesquisadores, que concluíram que o cérebro dos meninos é mais "sistematizador", havendo um máximo desenvolvimento na área responsável pelo raciocínio lógico, e o cérebro das meninas é mais "empático", com um máximo desenvolvimento na área responsável pela linguagem – essência do transtorno.

O principal motivo para haver esse enigma na identificação de sintomas nas meninas está no simples fato de que os critérios de avaliação foram feitos com base em padrões essencialmente masculinos. Além disso, uma das principais manifestações buscadas por estudiosos nas avaliações é o interesse específico incomum, mas há uma dificuldade: enquanto em meninos isso fica evidente, nas meninas passa desapercebido, pois elas tendem a direcionar seu interesse a assuntos que não essencialmente são considerados estranhos para sua faixa etária.

O médico e professor David H. Skuse, chefe de ciências comportamentais e cerebrais do Institute of Child Health, é especialista em transtornos do espectro autista. Ele liderou uma pesquisa na Unidade de Ciências Comportamentais e do Cérebro no Instituto de Saúde Infantil da University College London em 2004, e esse estudo tinha como desígnio identificar o risco de distúrbios de saúde mental entre crianças com deficiência intelectual de etiologia genética. Skuse (2004, p. 29-46) aponta algumas das diferentes manifestações de comportamentos entre os sexos a serem consideradas:

MENINOS: Há elevada manifestação de condutas repetitivas ou ritualísticas vindas do movimento, da postura ou da fala, além de muitas condutas restritas ou focadas em demasiados interesses. Tende a apresentar dificuldades com vocabulário e com conhecimento de palavras.

MENINAS: Há poucas manifestações de condutas repetitivas ou ritualísticas vindas do movimento, da postura ou da fala, e os interesses restritos costumam ser mais admissíveis socialmente. Tende a apresentar bom vocabulário e conhecimento de palavras.

É possível que muitas meninas passem a vida subdiagnosticadas, ou seja, estando em algum dos espectros do autismo, mas sem terem o diagnóstico em si. Normalmente, apenas as meninas com autismo de nível 3 (severo)[1], que é o severo, costumam receber o diagnóstico logo na infância, enquanto outras, com níveis mais leves, são "despercebidas" ou recebem diagnósticos errados, como TOC, transtorno de personalidade limítrofe, entre outros. Isso acontece, em regra, porque as meninas apresentam menos atitudes restritivas e repetitivas, além de conseguirem "ocultar", ou seja, disfarçar seu jeito diferente

---

1. O autismo é classificado em três níveis: o nível 1, popularmente conhecido como "leve", quando o indivíduo precisa de pouco suporte; o nível 2, o nível "moderado", em que o grau de suporte necessário é razoável; e nível 3, conhecido como "severo", quando o indivíduo necessita de muito suporte.

de se comportar, imitando até comportamentos sociais de outras crianças da sua faixa etária. Nesse sentido, estudiosos acreditam que, com a aproximação da puberdade, essa "ocultação" torna-se mais difícil de ser sustentada, e muitas meninas passam a ter depressão e ansiedade nesse período. É comum que essas duas condições sejam um reflexo das tentativas frustradas de adequações de seus comportamentos peculiares.

No fim, algumas meninas, e talvez já mulheres, passam suas vidas acumulando diagnósticos dos mais variados transtornos quando, na verdade, um único diagnóstico correto de AUTISMO seria responsável por explicar todas (ou quase todas) as manifestações autísticas que elas apresentam.

É de suma importância observar que as pesquisas e os estudos que meditam as diferenças entre o autismo em meninas e meninos têm sido poucos e com poucas proeminências científicas. Os especialistas ainda não têm nenhum conhecimento categórico sobre essas diferenças, uma vez que não se sabe se são verdadeiras ou apenas implicações de ocultação ou disfarce de diferentes maneiras de se comportar que atrapalham o diagnóstico. Devemos acreditar que, muito em breve, teremos a possibilidade de identificação precoce, bem como tratamentos mais eficazes e dirigidos às necessidades particulares das meninas.

4
Causas do autismo

Os estudos científicos ainda não são claros quanto às causas do AUTISMO. O que os pesquisadores enfatizam é que o AUTISMO é o resultado de uma série de alterações no funcionamento normal do cérebro e é causado por uma combinação de fatores genéticos e fatores ambientais. Médicos acreditam que fatores genéticos representam cerca de 90% das causas do autismo, enquanto fatores ambientais só são responsáveis por 10%.

Mesmo que sejam relevantes os fatores genéticos, estes não agem sozinhos, sendo sua atuação influenciada por fatores de risco ambiental, abarcando, entre outros, os anos avançados dos pais no período da concepção, o descuido dos cuidados com a criança, a exposição a certas medicações durante o período pré-natal, o nascimento antecipado e o baixo peso ao nascer. Todos esses elementos podem ser possíveis causas.

Gauderer (1993) assegura que determinadas alterações encefálicas em etapas críticas do desenvolvimento embrionário podem dar procedência a algum tipo de transtorno que se enquadre no diagnóstico do AUTISMO. No entanto, as análises clínicas de exames já realizados não provam relação expressiva entre essas alterações e o AUTISMO.

Vários estudiosos admitem que muitas causas do AUTISMO estão associadas, também, aos fatores perinatais, que se relacionam a 22 semanas completas da gestação até sete dias após o nascimento. Nessa ocasião, podem ocorrer desregulações endócrinas, ocasionadas por fatores hormonais, algumas ligadas à glândula tireoide, que acabam por influenciar na proliferação celular, na diferenciação e na apoptose de muitos tecidos fetais e no desenvolvimento neural do feto. Essa exacerbação pode ser acionada por fatores ambientais envolvidos no processo.

Uma combinação entre o protótipo genético e o ambiental é o fator mais aceito atualmente pela comunidade científica em geral, a exemplo de Chaster e Leboyer (2012). Oliveira *et al.* (2015) creem que, nessa fase inicial de vida do bebê (a qual engloba as primeiras seis semanas de vida), as progenitoras acabam, em sua maioria, deixando de receber amparo das equipes de saúde, originando a ausência de orientações e cuidados apropriados. Isso pode ser a origem de diversas enfermidades, causando a esses bebês uma série de patologias que provavelmente irão influenciar o desenvolvimento do AUTISMO, principalmente em seus primeiros 3 anos de vida.

Acredita-se que os fatores genéticos e ambientais interagem no desenvolvimento do autismo e que acontecimentos obstétricos têm influência no neurodesenvolvimento fetal, podendo predispor a essa condição, como explicam Fezer *et al.* (2017). Os autores admitem a existência de aspectos da fase perinatal os quais colaboram para uma inflamação cerebral focal que está interligada ao AUTISMO. Além disso, estudiosos consideram que nesse período há possibilidade de ocorrências gestacionais que influenciam o desenvolvimento de síndromes ligadas ao AUTISMO.

Algumas descobertas estão relacionadas à exposição e ao uso de substâncias químicas – como o tabaco – durante a gestação, que promovem um impacto comutativo na linhagem das células da mãe, podendo predispor a alterações no desenvolvimento do tubo neural, além de gerar abortos espontâneos, partos prematuros e baixo peso ao nascer. Para Hadjkacem *et al.* (2016), também é possível que patologias estejam interligadas à fase gestacional, entre elas diabetes gestacional, hipotensão e sangramentos com risco iminente de aborto. Ainda segundo os autores, um parto com longa duração pode provocar o sofrimento fetal como consequência da hipóxia neonatal (insuficiente de concentração de oxigênio no sangue), com prejuízos neurológicos em alguns casos. Hadjkacem *et al.* (2016) igualmente ressaltam outro fato importante, que são os partos de fetos prematuros. Os bebês nascem com baixo peso, e alguns deles com dificuldades respiratórias gravíssimas causadas pela hipóxia.

Mora (2002 *apud* GÓMEZ; TERÁN, 2014, p. 468) enfatiza que, na atualidade, "o autismo é concebido como uma síndrome de múltiplas causas, na qual estariam inter-relacionados o biológico e o anímico, a genética orgânica e a genética vincular durante todo o processo de constituição do ser". Já Posar e Visconti (2017) concluem que os fatores ambientais têm grande influência na causa do AUTISMO, se for considerado que os indivíduos dentro do transtorno tenham uma predisposição genética que possivelmente possa ser acentuada durante a exposição a poluentes da atmosfera e pesticidas. Essas substâncias químicas, naturais ou produzidas pelo homem, podem interferir no sistema endócrino e produzir efeitos adversos no desenvolvimento, na reprodução e em funções neurológicas e imunológicas, tanto em seres humanos quanto em animais. A exposição aos desreguladores endócrinos ocorre por meio da água, do solo e do ar contaminados, pela ingestão de alimentos e por contato dérmico (contato direto com a pele).

Embora as causas do TEA não estejam totalmente esclarecidas, algumas delas são referenciadas pelo Centers for Disease Control and Prevention (2017):

- Estudos entre gêmeos idênticos mostram que, se um deles apresenta TEA, a probabilidade de o outro também apresentar é de 36% a 95%. Entre gêmeos não idênticos, essa probabilidade é de 0 a 31%;
- Pais que têm um filho com TEA apresentam de 2% a 18% de probabilidade de terem outro filho com o transtorno;
- Idade parental avançada oferece maior risco de desenvolvimento do transtorno;
- Crianças que nascem prematuramente ou com baixo peso têm o risco de terem o transtorno.

Em suma, não existe uma causa única e determinada para o AUTISMO. O que se sabe, atualmente, é que essa condição é advinda de uma gama de alterações no funcionamento normal do cérebro.

O AUTISMO tem ganho muito destaque nos últimos anos, devido sobretudo ao fato de ser um assunto polêmico e causador de dúvidas. Entretanto, após anos de pesquisas, a causa dele continua incógnita, podendo o AUTISMO ser realmente considerado uma doença resultante de fatores genéticos e ambientais.

Continuamente, são realizados muitos estudos no campo da neurociência, na tentativa de entender os fatores que levam ao desenvolvimento do AUTISMO e as formas para evitá-lo ou tratá-lo. Com certeza, os pesquisadores não desejam esgotar o universo de pesquisa, pois acreditam que o AUTISMO resulta de mais de uma causa. Muito ainda há para ser observado, entendido, discutido e descoberto.

5
Referências de categorias e níveis de comprometimento

O AUTISMO/TEA abrange vários transtornos marcados por desafios em desenvolturas sociais, condutas repetitivas, fala e comunicação não verbal, bem como qualidades singulares e diferentes. Apesar de o assunto estar em evidência, nem todas as pessoas sabem que, atualmente, não existem tipos de AUTISMO, mas sim níveis de comprometimento, e muitas vezes é admissível padecer com o AUTISMO sem, basicamente, apresentar os sintomas mais comuns.

Muito embora a ciência não aborde atualmente o AUTISMO/TEA com base em tipos, ela menciona são referências de intensidade. Dessa maneira, para compreendê-lo, podemos nos basear no grau de comprometimento do transtorno e nas categorias anteriormente associadas a ele em bibliografia nos referidos CID-10 (OMS, 2002) e DSM-IV (APA, 2002), assim como nas definições mais comuns e suas principais características.

Síndrome de Asperger

A síndrome de Asperger, considerada uma PEA, é um grau leve do AUTISMO. É uma condição ainda pouco conhecida e de complexo diagnóstico devido à dificuldade na padronização ou na definição dela. Atualmente, é considerada uma síndrome por apresentar um conjunto de sintomas que pode ter mais de uma origem (FERREIRA, 2009).

A síndrome de Asperger destaca-se de outros tipos de AUTISMO por não ter nenhum atraso ou déficits plenos no desenvolvimento cognitivo ou linguístico. Nesse grau, a criança começa a ter perturbações autísticas a partir dos 2 anos, e a síndrome provoca desvios em três áreas básicas: <u>interação social, uso da linguagem voltada à comunicação e coordenação motora</u>.

Determinados fatos são aprendidos na idade "adequada", alguns muito cedo, enquanto outros só serão entendidos bem mais tarde ou tão somente quando muito bem explicados. Entre outras características, o indivíduo pode apresentar;

- dificuldade para se relacionar e manter relações interpessoais;
- dificuldade na comunicação verbal e não verbal;
- fala repetitiva, monótona ou excessivamente formal;
- dificuldade de autorregulação emocional (incapacidade de identificar, nomear e agir em relação aos próprios sentimentos e aos sentimentos de outras pessoas);
- comportamentos rotineiros e repetitivos;
- interesses limitados e particulares, podendo desenvolver uma obsessão por um assunto ou um objeto específico;
- hipersensibilidade sensorial (percebe os estímulos com mais facilidade);
- rigidez de pensamento (sintomas relacionados a bloqueio de criatividade, falta de imaginação e resistência para aceitar mudanças);
- dificuldade para entender linguagem corporal;
- atraso no desenvolvimento motor e frequentes dificuldades na coordenação motora tanto grossa como fina, inclusive na escrita (coordenação motora desordenada);

- falta de autocensura (costume de falar tudo o que pensam);
- habilidade cognitiva acima da média, tais como habilidades incomuns com cálculos matemáticos, memorização de sequências (por exemplo, mapas de cidades), ouvido musical incondicional etc.;
- dificuldades na organização e no planejamento para cumprimento de atividades.

Transtorno invasivo do desenvolvimento

Para Kaplan (1997), o transtorno invasivo de desenvolvimento (TID) refere-se a um grupo de condições psiquiátricas nas quais as habilidades sociais, a linguagem e os aspectos comportamentais não se desenvolvem da forma esperada ou são perdidos no início da infância. São afetadas várias áreas do desenvolvimento e de forma precoce e persistente.

Na mesma direção, Ferrari (2012) explica que a expressão "transtornos invasivos do desenvolvimento" está associada a um conjunto de problemas do desenvolvimento das funções psicológicas, geralmente aquelas envolvidas na apropriação de aptidões para as relações sociais e para a utilização da linguagem.

O TID é, geralmente, observado nos indivíduos que exibem características muito parecidas com as de outras condições psiquiátricas, como o TEA, a síndrome de Asperger e o transtorno desintegrativo da infância, mas não se enquadra em nenhum desses transtornos devido à falta de perceptibilidade nos sintomas, pois eles se apresentam de forma incompleta. As pessoas com esse transtorno variam amplamente em habilidades, inteligência e comportamentos:

- Alguns indivíduos não falam nada, outros falam limitadamente, e alguns têm desenvolvimento de linguagem relativamente normal;
- Têm habilidades em jogos repetitivos e habilidades sociais limitadas bem evidentes;
- Respondem de maneira incomum;
- Têm dificuldade com mudanças nos ambientes rotineiros ou familiares;
- Apresentam movimentos corporais repetitivos;
- Tendem a apresentar comportamento instável.

Por sua vez, a categoria transtorno invasivo do desenvolvimento sem outra especificação (TID-SOE) é vista como uma análise unânime, que serve para crianças que não se encaixam nos critérios para qualquer um dos TID (WALKER, 2004).

Transtorno autista

O transtorno autista é aquele que traz sintomas mais graves e, geralmente, é observado logo na infância. É também chamado de AUTISMO CLÁSSICO. A capacidade cognitiva, linguística e social é muito afetada, e o indivíduo apresenta muitos comportamentos repetitivos. De acordo com o Varella (2014), o grau de comprometimento pode variar muito.

De maneira geral, os indivíduos são voltados para si mesmos, não estabelecem contato visual com as pessoas nem com o ambiente, e conseguem falar, mas não usam a fala como ferramenta de comunicação. Embora possam entender enunciados simples, têm dificuldade de compreensão e apreendem apenas o sentido literal das palavras. Não compreendem metáforas nem duplo sentido. Nas formas mais severas, demonstram ausência completa de qualquer contato interpessoal. Em geral, o diagnóstico da condição ocorre em torno dos 3 anos, e a criança pode apresentar sinais clássicos, como:

- pouco ou nenhum contato visual:
- comportamentos repetitivos constantes, como bater ou balançar as mãos e outros movimentos repetitivos:
- atraso da linguagem, inclusive com ausência da fala;
- pode apresentar graus de DI;
- falta da linguagem não verbal (ausência de condutas como apontar para os objetos de desejo, mandar beijos, dar tchau etc.);
- insistência em manter determinados objetos consigo;
- demora na aquisição de controle esfincteriano e habilidades da vida diária, como comer com a colher, abotoar a camisa ou sentar-se;
- ausência de autocuidados, como tomar banho, escovar os dentes ou realizar alguma atividade sozinho.

Transtorno desintegrativo da infância

O Transtorno Desintegrativo da Infância (TDI) foi descoberto antes mesmo do AUTISMO, em 1908. Foi Theodore Heller, um renomado médico, quem descobriu o TDI e, por esse motivo, a condição também é chamada de síndrome de Heller.

Dumas (2011) relata que a desintegração é acompanhada do aparecimento de alterações qualitativas das interações sociais, da comunicação e do comportamento, características mais comuns também no AUTISMO. É uma condição rara e diferenciada dos outros transtornos, pois apresenta desenvolvimento aparentemente normal durante pelo menos os 2 primeiros anos de vida, manifestado pela presença de comunicação verbal e não verbal, relacionamentos sociais, jogos e comportamentos adaptativos referentes à faixa etária. A criança pode perder habilidades já adquiridas antes dos 10 anos, de forma que o indivíduo desenvolve-se normalmente, mas depois acontece uma regressão ou desintegração em múltiplas áreas do funcionamento, tais como:

- regressão da linguagem expressiva ou receptiva;
- regressão das habilidades sociais ou do comportamento adaptativo;
- regressão do controle esfincteriano;
- regressão das habilidades motoras.

Níveis de comprometimento do autismo/TEA

Existem variações em relação aos níveis de comprometimento do TEA de indivíduo para indivíduo. Essa classificação de "comprometimento", entendido como gravidade, é descrita no *Manual de Diagnóstico e Estatística de Transtornos Mentais (DSM-V)* (APA, 2014).

Os níveis de comprometimento e algumas das principais características são apresentados a seguir.

Nível 1 (leve)

- Há autonomia nos diversos contextos do dia a dia, pois apresentam certa independência;
- Alguns compreendem e cumprem regras e rotinas de casa;
- Apresentam dificuldades para iniciar a relação social com outras pessoas e podem ter pouco interesse em interagir com os demais;
- Apresentam dificuldades para trocar de atividade e problemas de planejamento e organização;
- Têm dificuldade para compreender metáforas e expressões de duplo sentido;

- Muitos têm habilidades, talentos e inteligência acima da média para algumas atividades;
- Apresentam dificuldades para captar intenções e sentimentos;
- O pensamento é rígido, não muito flexível;
- Há uma leve fixação por interesses restritos;
- Podem apresentar crises de estresse, frustração e episódios de auto e heteroagressividade (qualquer conduta agressiva direcionada ao mundo externo, a outras pessoas ou a outros elementos, e essas situações podem ocorrer com autistas de todos os níveis);
- Necessitam de pouco apoio.

Importante observar que, neste nível, há déficits significativos na comunicação verbal e não verbal, e as experiências de interação social são mais ativas, embora esses indivíduos apresentem muita dificuldade para manter interações mais duradouras com indivíduos da mesma idade.

Nível 2 (médio/moderado)

- Há acentuada deficiência nas relações sociais, e alguns podem necessitar ser literalmente levados e mantidos na situação de interação;
- Podem apresentar atraso na fala, acentuada dificuldade na comunicação verbal e não verbal mesmo com a presença de apoio, como também fala descontextualizada e uso de sentenças incompletas;
- Muitas vezes sua resposta em um diálogo pode ser reduzida ou muito diferente do usual (podem somente ouvir a fala do interlocutor);
- São flexíveis nos seus comportamentos, apresentam dificuldades com mudanças ou com os comportamentos repetitivos e sofrem para modificar o foco das suas ações;

- Têm mais interesses restritos;
- As estereotipias são mais visíveis;
- Tendem a passar mais tempo no seu próprio mundo;
- Podem ter crises de estresse, frustração e episódios de auto e heteroagressividade;
- Têm pouca autonomia;
- Apresentam acentuada dificuldade de aprendizagem e de realização das atividades diárias;
- Necessitam de apoio moderado no dia a dia e terapias.

Importante observar que, neste nível, a limitação provocada pelo comprometimento verbal e não verbal é menos expressiva, mas o indivíduo precisa de bastante auxílio para a realização de tarefas diárias, bem como de um mediador para iniciar as interações sociais.

Nível 3 (severo)

- Tendem ao total isolamento;
- Costumam apresentar comportamentos repetitivos graves;
- Têm forte fixação nos interesses restritos;
- Há graves dificuldades para iniciar uma interação social, com elevados prejuízos de funcionamento;
- A iniciativa é limitada;
- A comunicação é mínima, havendo importante comprometimento da fala e graves déficits em relação à comunicação verbal e não verbal, pois alguns não falam e, para expressar o que desejam, demandam de um mediador (apoio);
- Têm dificuldade extrema em lidar com mudanças e com comportamentos repetitivos, o que interfere de maneira acentuada no seu funcionamento;
- Sofrem muito para mudar o foco das suas ações;

- Podem ter crises de estresse, frustração e episódios de auto e heteroagressividade;
- Necessitam de muito e permanente apoio, assim como de muitas terapias.

Importante observar que, neste nível, há grandes déficits na comunicação verbal e não verbal, causando prejuízos muito importantes no funcionamento social dessas crianças. É necessário apoio constante.

Existem ainda outras características de cada nível de comprometimento do AUTISMO/TEA, pois o nível do AUTISMO não é uma condição incapaz de ser mudada. É plausível, por exemplo, que um indivíduo saia do nível moderado e passe para o leve. Podemos chamar esse acontecimento, segundo estudiosos, de "andar do AUTISMO". Essa expressão refere-se a sintomas de níveis de comprometimento que surgem mais marcantes durante a infância e a adolescência e que sofrem modificações ao longo da vida. É possível que crianças melhorem suas habilidades de interação social e de comunicação durante a sua infância e no decorrer da sua adolescência, e outras podem piorá-las. O progresso para amenizar o AUTISMO/TEA vai depender do tratamento e dos estímulos que o indivíduo irá receber e, principalmente, da intensidade e da qualidade desses estímulos.

Quanto mais eficazes e apropriados os tratamentos e quanto mais cedo os indivíduos forem tratados, maior a probabilidade de melhorarem a comunicação e a concentração e diminuírem os movimentos repetitivos, melhorando, assim, a sua qualidade de vida e a da sua família.

6
Alguns sinais de alerta e estereotipias

Perceber sinais de alerta relacionados com o AUTISMO é importante, pois pode-se agir rápido e precocemente. Esse reconhecimento vai ajudar famílias a procurarem auxílio médico, bem como educadores em sala de aula a observarem indicadores de perturbações autísticas no contexto escolar. É possível identificar sinais de AUTISMO até mesmo em bebês (antes dos 12 meses).

Alguns sinais de autismo em bebês

- Tem pouca ou nenhuma expressão facial;
- Não sustenta contato visual;
- Assusta-se facilmente;
- Não sorri em resposta às pessoas;
- Não balbucia;
- O choro é persistente ou há ausência de choro;
- Não se põe nem se mantém de pé; quando sentado, fica imóvel, e não ergue os braços quando alguém vai pegá-lo, principalmente os pais;
- Não gosta de ser ninado no colo, prefere dormir sozinho no berço;
- Não reage aos sons;
- Não demonstra interesse por objetos;

- Não apresenta afeto por alguém;
- Não gosta de gestos carinhosos;
- Há surdez aparente (por exemplo, a criança não olha quando chamada pelo nome ou quando escuta o som de uma voz familiar);
- Cheira ou lambe objetos.

Alguns sinais de autismo em crianças a partir de 2 anos

- Pode falar ou ter regressão na fala posteriormente, bem como fazer ecolalia (repetição de sílabas, palavras ou frases já ouvidas);
- Geralmente não indica desejos, mas, quando o faz, usa a mão de terceiros para apontar ou para guiá-lo até conseguir o que quer;
- Faz pouco ou nenhum contato visual;
- Raramente compartilha a atenção;
- Apresenta déficit em comunicação não verbal (por exemplo, não aponta ou acena adeus, ou usa outros gestos para se comunicar);
- Não demonstra falta de pessoas;
- Pode apresentar seletividade alimentar e/ou problemas gastrointestinais;
- Geralmente, apresenta comprometimento nas funções simbólicas, como imitar gestos ou atitudes;
- Pode manifestar resistência a mudanças (por exemplo, inflexibilidade a mudanças na rotina);
- Apresenta dificuldade em prestar atenção, quando lhe mostram algo;
- Raramente atende quando lhe chamam;
- Não consegue demonstrar as emoções mesmo por gestos e expressões faciais;

- Busca isolar-se das pessoas;
- Tende a uma utilização anormal da linguagem;
- Pode apresentar muita inquietação.

Alguns sinais de autismo tardios, sem limites de idade

- Despreza, exclui e ignora o que vem do mundo externo;
- Não gosta de contato físico;
- Tem crises de agressividade com palavras ou gestos (por exemplo, morder, bater, jogar coisas, xingar, chorar ou gritar);
- Não responde quando é chamado pelo nome (como se fosse surdo);
- Não aponta para objetos para mostrar interesse neles (por exemplo, não aponta para um avião sobrevoando);
- Não olha para objetos quando outra pessoa aponta para eles;
- Tem problemas em se relacionar com outras pessoas ou não tem interesse em outras pessoas;
- Evita o contato visual e quer ficar sozinho;
- Tem problemas para entender os sentimentos de outras pessoas ou para falar sobre seus próprios sentimentos;
- Pode não querer ser abraçado ou abraçar apenas quando desejar;
- Ignora quando as pessoas falam com ele, mas responde a outros sons;
- Fica muito interessado nas pessoas, mas não sabe falar, brincar ou relacionar-se com elas;
- Demonstra resistência ao aprendizado;
- Não demonstra sentimento de medo e noção de riscos;
- Ri e movimenta-se com relação ao nada;
- Apresenta acentuada hiperatividade motora;

- Demonstra uma insistência obsessiva na repetição, com movimentos estereotipados ou barulhos repetitivos;
- Apresenta ansiedade excessiva.

Tipos de estereotipias

Estereotipias são comportamentos motores, linguísticos ou posturais repetidos, e a forma como se manifestam é variada. Geralmente, são comportamentos sem motivos aparentes. Um indivíduo AUTISTA pode apresentar diversas estereotipias, e as mais conhecidas são:

- fazer movimentos repetidos das mãos em frente dos olhos;
- fazer movimento pendular do corpo para frente e para trás;
- fazer *flapping* (palavra em inglês que se refere a bater ou agitar) – esse movimento de uma pessoa com AUTISMO é como se fosse um pássaro batendo as asas ou um abanar as mãos na altura dos ombros e poderá ser visto em crianças (na maioria das vezes, quando estão contentes, ansiosas ou irritadas);
- andar com as pontas dos pés;
- perambular de um lado para outro, geralmente sem finalidade;
- falar com ecolalia (repetição de sons emitidos por alguém, por si próprio, por algum carro, entre outros);
- ficar apertando ou olhando para as suas próprias mãos;
- ficar cheirando ou lambendo objetos;
- fazer algum objeto girar e ficar olhando-o girar;
- dar pulos e fazer giros com o corpo, sem pretexto algum.

Vale destacar que certos indivíduos com AUTISMO/TEA desenvolvem-se normalmente durante a primeira infância, chegando até a adquirir linguagem funcional, mas esta pode ser perdida progressivamente. Por isso, a Academia Americana de Pediatria recomenda que todas as crianças sejam examinadas por atrasos de desenvolvimento e deficiências durante visitas regulares ao médico com 9 meses, 18 meses e 24 ou 30 meses.

Na adolescência e na vida adulta, as revelações do AUTISMO/TEA dependem de como o indivíduo evoluiu no aprendizado de normas sociais e desenvolveu condutas que favoreceram sua adequação em várias ambiências. Depende também se houve ganhos ou superação em estar em convívio, mesmo que paralelamente com outros indivíduos.

Esses são os sinais mais mencionados entre pais, educadores e profissionais. No entanto, isso não quer dizer que o indivíduo com AUTISMO não possa manifestar outros sinais, mesmo que já apresente alguns ou todos os sinais citados.

7
Escola ideal e inclusiva para autista

A família procura uma escola que atenda às necessidades básicas do indivíduo com AUTISMO/TEA, com o intuito de desenvolver o aprendizado do familiar com a condição, mas ao mesmo tempo desconhece ou pouco entende sobre a inclusão do indivíduo AUTISTA na escola. Essa falta de conhecimento acaba se tornando um obstáculo para a família, que desconhece as possibilidades de o seu filho diagnosticado como AUTISTA aprender como todos os outros indivíduos da sua idade.

É importante que não só a família mas também a sociedade como um todo saiba que a Constituinte de 1988 menciona a garantia dos direitos fundamentais, que devem ser assegurados a todos os cidadãos. O seu artigo 5º reconhece expressamente que todo cidadão deve ter igualdade de condições e de direitos, ainda que tenha especificidades que o distingam dos demais (BRASIL, 1988). Cabe aos estados assegurar esses direitos, que muitas vezes não são garantidos para os cidadãos que necessitam de tratamento especial, como é o caso de pessoas com deficiência.

Os direitos delas estão expressamente previstos na lei de apoio às pessoas portadoras de deficiência (BRASIL, 1989), em vigor desde o ano de 1989. Em 2015, foi sancionada a Lei n.º 13.146, que instituiu a Lei Brasileira de Inclusão da Pessoa com Deficiência, também denominada Estatuto da Pessoa com Deficiência. O estatuto ressalta, no artigo 4º, que "toda pessoa com deficiência tem direito à igualdade de oportunidades com as demais pessoas e não sofrerá nenhuma espécie de discriminação" (BRASIL, 2015).

Entre as pessoas com deficiência abarcadas pela legislação, estão os cidadãos com TEA. Dessa forma, à medida que os indivíduos são diagnosticados como AUTISTAS, adquirem benefícios legais relacionados às suas condições, principalmente na escola. Segundo Carothers e Taylor (2004), o objetivo da educação de uma criança autista é aumentar sua independência, a fim de proporcionar mais segurança a ela ao executar tarefas do cotidiano, além de melhorar a qualidade de vida da criança e de seus familiares.

Não existe uma escola perfeita, nem uma escola totalmente inclusiva para AUTISTAS. Mas existe, sim, uma escola que está buscando adaptar-se e readaptar-se de acordo com as necessidades e dificuldades de cada pessoa com AUTISMO.

A Lei n.º 12.764 (BRASIL, 2012) é também conhecida como Lei Berenice Piana, título que faz tributo a uma mãe que tem um filho AUTISTA e batalha sem parar pelo direito de seu filho. A legislação reconhece o AUTISTA como um indivíduo com deficiência e discorre sobre os direitos da pessoa com TEA.

De acordo com Cunha (2012), essa lei assegura ideias inclusivas já visíveis na Lei de Diretrizes e Bases da Educação Nacional (LDB) (BRASIL, 1996), progredindo ao enfatizar que o indivíduos com TEA são considerados pessoas com deficiência para todos os efeitos legais e têm o direito de estudar em escolas regulares, tanto na educação básica quanto no ensino profissionalizante, e quando necessário com o auxílio de um mediador especializado. Permanecem definidas punições aos diretores escolares que se recusarem a matricular educandos com AUTISMO/TEA.

Para Vasques (2008), a escolarização de indivíduos com AUTISMO/TEA é um campo em construção, marcado pelas diferentes maneiras de entender esses indivíduos, seu desenvolvimento e as possibilidades educativas de cada abordagem. Por meio de estudos, podemos compreender que as abordagens comportamentalista e cognitivista, ao concentrarem o déficit no indivíduo, sugerem metodologias de intervenção que podem se abreviar ao exercício de destrezas e ações não significativas, desconsiderando o ser cultural e limitando o desenvolvimento inventivo e particular do indivíduo.

A abordagem psicanalítica, por exemplo, concentra-se no processo de subjetivação (processo de tornar-se sujeito) com AUTISMO/TEA e mostra a função do outro nesse processo. Entretanto, é caracterizada pela extensão terapêutica que dirige o tratamento do indivíduo AUTISTA. Quanto a essa e outras abordagens, podemos concordar com Bosa (2002, p. 37): "nenhum modelo teórico, sozinho, explica de forma abrangente e satisfatória a complexidade dessa síndrome – eis a razão pela qual a necessidade do trabalho em equipe e o respaldo da pesquisa".

Quando buscamos o termo "inclusão" em dicionários de língua portuguesa, vemos que uma das acepções é "integração absoluta de pessoas que possuem necessidades especiais ou específicas numa sociedade" (INCLUSÃO, 2019). A integração absoluta de indivíduos especiais, e principalmente do AUTISTA, acontece quando ocorrem mudanças na estrutura curricular, pois será organizado para o indivíduo um programa especial, de acordo com suas necessidades.

A inclusão de um indivíduo AUTISTA vai muito além de colocá-lo em uma escola comum, em sala regular. É imprescindível proporcionar a esse indivíduo aprendizagens significativas, investindo em seus potenciais e compreendendo-o, portanto, como um ser que aprende, pensa, sente, participa de um grupo social e desenvolve-se com ele e a partir dele, com toda sua particularidade.

Vygotsky (1997 *apud* CHIOTE, 2013) enfatiza que, assim como as crianças sem deficiência apresentam particularidades em seu desenvolvimento, o mesmo acontece com as crianças com deficiência. Elas se desenvolvem de um modo distinto e peculiar, ou seja, necessitam de caminhos alternativos e recursos especiais.

Dessa maneira, admitimos que a educação especial requer conhecimentos que suscitem o desenvolvimento cultural do indivíduo e sua participação nos diferentes espaços de aprendizagens e nos atos do dia a dia. A escola que receber, aceitar e organizar o espaço físico, o currículo e até a formação de todos os profissionais que fazem parte da equipe escolar para atender a educandos AUTISTAS será a ESCOLA IDEAL.

Existe o descrédito de muitos pais de indivíduos AUTISTAS, seja em relação aos ensinamentos oferecidos para seus filhos nas escolas, seja em relação ao plano com ações inclusivas interessantes que a escola escolhida apresentou a eles no ato da matrícula. Como um reflexo das expectativas que almejam para o seu filho com deficiência, no que tange à escolarização, acreditam que essas ações inclusivas apresentadas realmente vão acontecer.

É comum que escolas com excelentes ações inclusivas façam com que os pais adquiram esperanças de que possa haver "inclusão eficaz". Infelizmente, porém, na prática escolar, isso não acontece, visto que a educação, de uma forma geral no Brasil, não está organizada para qualquer "inclusão" que faça os potenciais dos indivíduos, sendo AUTISTAS ou não, alargarem-se de forma plena.

Por um lado, muitas vezes por haver dificuldades de transporte, por acharem que na escola o filho vai ser excluído e até por sentirem vergonha, famílias deixam de matricular seu filho com deficiência na escola e escolhem deixá-lo em casa, longe de qualquer comunicação e relação com outras pessoas. Por outro, muitas vezes as escolas demonstram não ser um espaço apropriado para receber educandos com necessidades especiais, e, com frequência, os profissionais não sabem como proceder para a adaptação desse educando. Como defende Zomignani (*apud* GONZÁLEZ REY, 2007), além de levar a criança com necessidades especiais para a escola regular, é indispensável considerar as singularidades de todas as crianças no processo pedagógico. A escola ideal para indivíduo com AUTISMO apresenta as seguintes características:

- Todos – a família do indivíduo AUTISTA e outros profissionais que seguem o seu desenvolvimento no dia a dia – estão imbuídos em organizar ações pedagógicas para que haja ganho no desenvolvimento integral do indivíduo, dentro do possível e do mais essencial;
- Tem percepção da diversidade, que identifica as necessidades educacionais do educando AUTISTA nas diferentes áreas de conhecimento para poder determinar as intervenções pedagógicas, concentrando a atenção nas possibilidades em vez de nos seus entraves;
- Introduz alterações na organização curricular, possibilitando, assim, a personalização do ensino (isto é, uma série de estratégias empreendidas por espaços e agentes educativos para promover o desenvolvimento integral do educando AUTISTA, de maneira individualizada, respeitando os interesses e as dificuldades dele);

• Conta com profissionais comprometidos e com olhar sensível para as dificuldades ou limitações do educando AUTISTA, bem como profissionais que desejam fazer a diferença, sugerindo conteúdos e materiais que integrem o indivíduo AUTISTA em meio a seus colegas de sala, organizando ações educativas com antecedência e aceitando e colocando em prática o que é estabelecido como propósito. Também discutem as principais necessidades deles, mostrando-se atentos e olhando para cada indivíduo AUTISTA com o olhar da alma!

Muitos pais preocupam-se com a questão do auxiliar em sala de aula. Os questionamentos mais frequentes costumam ser: "Vocês vão providenciar um auxiliar para o meu filho?"; outros pais perguntam: "Meu filho necessita mesmo de um auxiliar?" Nesse sentido, o desenvolvimento do indivíduo AUTISTA pode e com certeza será melhor se o profissional responsável pelo acompanhamento dele (auxiliar) tiver seu trabalho alinhado com o do educador regente, bem como com o de outros profissionais que acompanham o indivíduo AUTISTA. Muitas vezes, ele não consegue executar determinadas demandas estabelecidas na escola por conta da falta de alguns pré-requisitos, e é aí que outros profissionais poderão auxiliar. As intervenções devem ser integradas à escolarização.

A transformação da escola não é, portanto, somente uma mera exigência de leis que amparam a inclusão escolar de indivíduos AUTISTAS, ou com outras dificuldades e deficiências. A transformação da escola deve ser encarada como um compromisso impreterível dela, que terá a inclusão como resultado, desde que tenha, no processo de ensino e aprendizagem, ações educativas diversas, tais como:

• apoio pedagógico personalizado;

- adequações curriculares individuais ou currículo específico individual após constatação de educando AUTISTA;
- adequações no procedimento de avaliações;
- interlocução entre sala regular e atendimento educacional especializado (AEE), garantindo a inclusão do educando com AUTISMO;
- orientações práticas e claras;
- realização das atividades de forma individual, em pequenos grupos e em grupos.

Essas ações, na verdade, devem contribuir não só para conhecer profundamente o educando AUTISTA, mas também para empreender a tarefa de educá-lo. O AUTISTA tem um "universo diferente" e necessita estar envolvido com profissionais habilitados para que possa evoluir na sua escolarização. Se estiver convivendo com pessoas que não entendem e não procuram entender a sua realidade, não haverá possibilidade de avanço em sua interação e sua aprendizagem.

O autista na sala de aula

É comum que o educando com AUTISMO/TEA apresente dificuldades em instruir-se de maneira habitual como qualquer outro educando. Isso ocorre porque o cérebro do indivíduo com AUTISMO/TEA processa as informações de um jeito diferente do que o indivíduo neurotípico.

Indivíduo neurotípico (ou típico) é aquele que não tem problemas de desenvolvimento neurológico. Já o indivíduo neuroatípico (ou atípico), como o indivíduo com AUTISMO/TEA, sofre com diferentes alterações pertinentes ao desenvolvimento neurológico. O educador é a pessoa mais importante no processo de aprendizagem do indivíduo com AUTISMO/TEA, e ele precisa ter noção disso e buscar alcançar um melhor entendimento de como a prática de ensino efetivamente irá ocorrer, após delinear ações pedagógicas eficazes direcionadas ao educando com essa condição.

Por ser o AUTISMO/TEA um transtorno de comportamento, pode ser apresentado na escola de distintas maneiras, variando o comportamento de educando para educando. Como alerta, estudiosos destacam que não há uma maneira singular de o indivíduo apresentar-se – o que pode ser descoberto em um educando com AUTISMO pode não ser em outro educando.

Os sintomas clássicos do autismo, lembrados por Gómez e Terán (2014, p. 480) são "interação social limitada, problemas com a comunicação verbal e não verbal e com a imaginação, atividades e interesses limitados ou pouco usuais. Podem ter dificuldades em manter uma conversação ou olhar alguém diretamente nos olhos". O autores mostram, por meio de estudos sobre AUTISMO/TEA, que o educador necessita observar como o educando se comporta, porque esse comportamento produz implicações e, dependendo das implicações produzidas, mostra para o educando que, se ele se comportar de determinada maneira, ocorrerá uma consequência específica.

A educação é um dos melhores instrumentos para o desenvolvimento de um indivíduo AUTISTA. Por meio dela, a pessoa com AUTISMO/TEA pode aprender tanto conteúdos escolares quanto atividades do cotidiano. Como já mencionado, Carothers e Taylor (2004) ressaltam que o objetivo da educação de uma criança AUTISTA é o aumento de sua independência com o propósito de proporcionar mais segurança para realizar afazeres do cotidiano, além de melhorar sua qualidade de vida e a de seus familiares.

É na família, assim como na escola, que os sinais e as características do AUTISMO/TEA despontam. Por essa razão, a escola é fundamental no apontamento de comportamentos, e os pais devem ser comunicados e encaminhados a um profissional especializado. Na maioria dos casos, crianças e adolescentes com sinais de AUTISMO/TEA podem não estar diagnosticados e estar frequentando escolas regulares. Com a indicação do AUTISMO/TEA, ou um laudo médico, a escola deve elaborar estratégias para o ensino de educandos com essa condição.

A aprendizagem do educando AUTISTA não é fácil. Não obstante isso, permanece evidente que, com dedicação, amor e eficazes estratégias de ensino, esses indivíduos poderão alcançar uma vida mais independente e com qualidade.

8
Indicadores de comportamentos autísticos em sala de aula

Ao observarem educandos em sala de aula, é fundamental que educadores tenham conhecimento sobre o AUTISMO/TEA, compreendendo que os sinais de alerta para essa condição podem variar de acordo com o educando. O mais importante é que observem suas manifestações de comportamentos, e estas devem sinalizar aspectos que prejudiquem o desenvolvimento e a qualidade de vida do educando e provoquem prejuízos sociais.

Os educandos com indicadores de manifestações autísticas em sala de aula vão demonstrar maneiras diferentes de aprender, prestar atenção ou reagir às situações e aos acontecimentos. Até mesmo as desenvolturas de práticas escolares, como organização cognitiva e resolução de problemas, podem variar de educandos talentosos ou com extrema dificuldade.

Alguns <u>indicadores de manifestações autísticas</u> em sala de aula são os seguintes:

- O educando não consegue desenvolver a fala como forma de se comunicar, ou quando ainda é bebê: balbucia, fala durante algum tempo e depois para. Pode começar a falar cedo de maneira correta, mas também pode ter dificuldade para se comunicar (verbalmente e não verbalmente), repetir palavras ou frases inteiras (ecolalia) e emitir palavras isoladas, fala ou sons fora do comum e do contexto comunicativo;

• De maneira inadequada, o educando pode usar maneiras diferentes de se expressar, como gritar ou segurar a mão de alguém para conduzi-lo até onde deseja ir, ou ainda ir diretamente até lá, sem auxílio, para pegar o que deseja;

• É comum um bebê com manifestações autísticas desde os primeiros meses de vida não atender quando alguém o chama pelo nome, tenha falta ou pouco contato visual e tenha nenhuma ou pouca expressão facial (por exemplo, não responde a um sorriso nem dá tchau, entre outras expressões faciais);

• As manifestações de expressividade emocional podem ser menos frequentes e mais limitadas;

• Percebe-se claramente a dificuldade do educando em ficar no colo ou ficar mais próximo do educador, e isso pode ocorrer em diferentes sexos e idades;

• O educando pode ter dificuldade para relacionar-se com seus colegas e com objetos. Geralmente, não demonstra interesse em outras crianças ou pessoas, em conviver e brincar. Muitas vezes mergulha em um profundo isolamento, não consegue expressar seus sentimentos e, também, demonstra não reconhecer os sentimentos de outras pessoas;

• Alguns educandos podem apresentar comportamentos estranhos, como movimentos repetitivos sem nenhuma causa aparente, como *flapping* de mãos, correr de um lado para o outro, bater palmas, entre outros. Costumam estabelecer uma rotina ou um ritual considerados anormais devido à intensidade, por exemplo, estar constantemente com um mesmo objeto, ou tocando-o ou levando-o até a boca, podendo cheirá-lo ou lambê-lo;

• O indivíduo AUTISTA pode apresentar dificuldade para alimentar-se e exigir que os alimentos estejam dispostos no prato sempre da mesma forma, ou quando ocorre mudança na alimentação ou na troca de alimentos, como também só bebe algo se utilizar sempre o mesmo copo. Outras manifestações de comportamento não comum é manter meticulosamente a ordem e alinhar/empilhar brinquedos e objetos. Também pode ficar observando exageradamente um objeto, aproximando-o muito perto dos olhos, e demonstrar obsessão por determinados objetos em movimento, por exemplo, ventiladores. Qualquer intervenção nessa conduta pode desencadear comportamentos agressivos, como esperneios, mordidas, gritos, entre outros;

• Geralmente, alguns indivíduos AUTISTAS apresentam hiperatividade, passividade e rejeição ao contato físico em diversas ocasiões. Quanto a demonstrar hiperatividade, muitas vezes move-se de um lado para o outro, preferindo correr ou pular a andar, entre outras manifestações, como mexer nas mochilas dos colegas, jogar papel ou objetos, gritar, bater os pés ou as mãos na carteira, entre outros comportamentos não apropriados. O educando também pode ter momentos de passividade (caracterizam-se por uma ausência ou reduzida vontade de agir e também por uma fraca capacidade de reação);

• A rejeição ao contato físico é muito marcante em alguns educandos AUTISTAS, pois não gostam que os toquem de qualquer forma, como beijá-los, abraçá-los ou simplesmente tentar levantá-los etc. Outros educandos AUTISTAS aceitam determinados contatos físicos, como brincar de fazer cócegas. É preciso esclarecer que AUTISTAS que aceitam algum contato físico têm também dificuldade de se aproximar das pessoas e não sofrem especificamente de malaxofobia (medo do toque) ou hipersensibilidade. Pode ser uma escolha de cada um, comportamento ou atitude em diversas ocasiões, até timidez por ser mais introspectivo ou introvertido. Vale lembrar que atos amorosos em família influenciam muito o procedimento do educando AUTISTA quanto a ter contato físico, seja com um aperto de mão, seja com um abraço, entre outros contatos com as pessoas;

• Educandos AUTISTAS podem apresentar sensibilidade sensorial, e tendem a estar atentos a barulho, tato, sensação, gosto, cheiro e experiências visuais. No entanto, isso pode induzir a compulsões, agitações e movimentos estereotipados. São exemplos disso:

1) Estímulos visuais: Luzes brilhantes atrapalham e deixam o educando AUTISTA incomodado.

2) Tato: Tocar em texturas ou sentir etiquetas em alguma roupa afeta-o, pois não aceita alguns tipos de tecido. Não demonstra sentir dor quando bate alguma parte do corpo, morde a si mesmo ou se belisca, mas, por um pequeno toque em algo, pode gritar.

3) Temperatura: Prefere quente ou frio, e muitas vezes insiste em comer alimentos sempre com a mesma temperatura, ou quente ou frio.

4) Olfato: Pode querer sentir o cheiro de algum perfume antes de usá-lo e não atura as fragrâncias de alguns perfumes ou produtos de limpeza.

5) Paladar: Tem hábito de querer lamber alimentos e objetos e é sensível a gostos ou até a algum alimento (que pode fazer mal, sendo possível ter seletividade alimentar).

6) Sons: Som alto e barulho de trovão, entre outros sons, incomodam muito o AUTISTA. Prefere ouvir sons em uma determinada altura. Muitas vezes se assusta com o som de algum motor ligado e até com gargalhadas muito altas.

Educadores devem ficar atentos, pois o educando com AUTISMO/TEA, normalmente, carece de segurança e busca-a no ambiente em que estão. Qualquer mudança na rotina habitual torna-se uma situação perturbadora e, por vezes, difícil de lidar. É necessário que educadores entendam certas dificuldades que ele possa demonstrar, para encontrar formas de expressar diferentes preferências, vontades e desejos e de responder às tentativas dos adultos de compreendê-lo.

9
Práticas pedagógicas para autistas

Para ensinar educandos com AUTISMO/TEA, recomendo que o educador busque conhecer o educando individualmente. Cada educando é único, além de haver suas preferências por brinquedos, alimentos, diversão, entre outras particularidades. É relevante também verificar como o educando é capaz de realizar as atividades, quais são as suas dificuldades no aprendizado, do que gosta e do que não gosta. Isso pode ser feito por meio de um rastreio, organizado em um questionário, para que os pais possam responder. Dessa forma, é possível que o educador perceba os obstáculos que impedem o acesso integral do educando AUTISTA à sala de aula e até possibilidades de mudança na organização curricular da escola.

Recomendo um período de 10 a 15 dias de observações diretas, circunstanciadas por meio do comportamento e da aprendizagem do educando AUTISTA. Passado o período de observação, proponho que o educador tenha uma conversa com os outros educandos da sala, em linguagem compreensível para a faixa etária deles, sobre as dificuldades que qualquer educando da sala pode ter durante a aprendizagem, dependendo da sua condição (doença, dificuldades de aprender, dificuldades para se concentrar e se comportar adequadamente durante as aulas, entre outros assuntos). É importante que o educador faça combinados com os educandos no início do ano e no retorno das férias, explanando, por meio de palestras ou cartazes, o que pode e o que não pode ser feito em sala de aula.

Ao receber uma criança com AUTISMO na sala de aula, é aconselhável que o educador tenha as seguintes atitudes:

1) Faça o educando com AUTISMO/TEA sentar-se próximo a ele, mas nunca junto à parede ou próximo de portas ou janelas.

2) Por meio de recados, ou em reuniões escolares, comunique os pais de educandos com AUTISMO/TEA sobre quaisquer estratégias implementadas na escola, inclusive aulas em outras ambiências. Não esquecer que o indivíduo com AUTISMO/TEA tem dificuldades de transferir as capacidades alcançadas para novos ambientes.

3) Procure auxílio de outros profissionais especializados, competentes, caso sinta dificuldades acrescidas.

4) Seja racional e evite a impulsividade.

5) Peça ao educando com AUTISMO/TEA para ele ser seu ajudante algumas vezes.

6) Ajude no planejamento e estabeleça prioridades, fazendo anotações na agenda, escrevendo lembretes aos pais, indicando datas em que as tarefas e os trabalhos para casa devem ser entregues, bem como verificando se foram feitos, e se necessário diferencie as tarefas ou os trabalhos que devem ser feitos em longo prazo.

7) Auxilie o educando com AUTISMO/TEA a trabalhar e concentrar-se por períodos longos durante as atividades propostas na sala de aula (a ajuda de um auxiliar vai depender do grau do AUTISMO/TEA: leve, moderado ou severo), bem como intervenha no que precisa ser adequado, levando em conta as necessidades de cada um.

8) Estimule o educando com AUTISMO/TEA a pedir ajuda, a trabalhar em grupo e a aprender a esperar a vez.

9) Preste atenção e auxilie o educando com AUTISMO/TEA durante a realização de atividades extracurriculares na escola, oferecendo oportunidades para que ele se dedique a assuntos de interesse, caso contrário ele pode ficar ocioso ou ser alvo de brincadeiras dos colegas.

10) Não poupe elogios sempre que o educando com AUTISMO/TEA for bem-sucedido nas atividades.

11) Retire o educando com AUTISMO/TEA da atividade e do ambiente onde está inserido por algum tempo, caso o seu comportamento não seja adequado (por exemplos, grito, esperneio etc.).

12) Utilize atividades diversificadas para trabalhar em sala de aula.

13) Ajude o educando com AUTISMO/TEA a desenvolver o pensamento criativo (por exemplo, perguntar se o Sol se parece com uma bola).

14) Diminua o tempo do educando com AUTISMO/TEA de ficar sem realizar atividade em sala de aula ou em outros espaços da escola (parque, pátio, bibliotecas etc.).

15) Estruture o dia do educando com AUTISMO/TEA utilizando estímulos visuais nas atividades pedagógicas e no dia a dia (organizar o horário, mostrar o que o educando vai fazer, o que vai acontecer).

16) Dê tempo para o educando com AUTISMO/TEA desempenhar as suas atividades preferidas em um ambiente seguro.

17) Ofereça ao educando com AUTISMO/TEA alternativas sempre que possível. Por exemplo, se o educando não gosta de barulhos intensos, ofereça fones de ouvido para usar quando houver muito barulho; caso ele se sinta melhor, comunique os pais sobre a novidade e verifique se eles aprovam a ideia.

18) Exponha lentamente o educando com AUTISMO/TEA a algumas das situações nas quais ele tem dificuldades.

19) Subdivida as atividades em etapas para educandos com AUTISMO/TEA, simplificando-as se necessário durante a aula.

20) Mantenha por perto um objeto que ajudará o educando com AUTISMO/TEA a acalmar-se, como um brinquedo ou objeto preferido, se você tiver conhecimento de algum.

21) Tenha conhecimento de um personagem, uma música ou uma história por que o educando com AUTISMO/TEA tenha preferência e tente envolvê-lo por meio de contação de história, dramatização ou música. É provável que ele interaja, principalmente se o educador utilizar sons de animais, máscaras, fantasias, dedoches, fantoches, expressões faciais, movimentos corporais e até contato físico, pedindo para o educando tocar o ombro de um colega ou fazê-lo repetir algo, como uma palavra etc.

22) Identifique pelo menos uma potencialidade e/ou a forma como o educando com AUTISMO/TEA interage com o meio (sentidos) e/ou um campo de interesse. Dessa forma, o educador irá repensar o seu planejamento, para que uma atividade durante a aula envolva o educando AUTISTA, de modo que ele vá progressivamente permanecendo mais em sala de aula e preste mais atenção ao que é proposto. Vale lembrar que essas ações pedagógicas deverão ser precisas, podendo começar com 10 minutos e ir sendo ampliadas aos poucos. O educador deverá determinar quais recursos utilizará conforme o modo de aprender do educando (visual, auditivo, cinestésico).

23) Utilize métodos para intervir naquilo que o educando com AUTISMO/TEA já apresenta a partir do seu eu (pessoa única). É preciso que o educador acredite que um educando com

AUTISMO/TEA irá aprender e invista em identificar seus potenciais e suas dificuldades.

24) Aposte em brincadeiras e jogos. O educador observará que o educando com AUTISMO/TEA poderá interagir com objetos e pessoas e mostrará que pode ser compreendido, expressará sentimentos e necessidades e, ao mesmo tempo, avançará no seu processo de construção de conhecimento com muita alegria e diversão.

10
Dicas de intervenções em comunicação, emoções/sentimentos, interação social, mudanças, interesses, expressão escrita e matemática e educação física

Comunicação

- Ao dar instruções ao indivíduo com AUTISMO/TEA, o educador deve dá-las verbalmente, de maneira simples e direta;
- O educador nunca deve utilizar linguagem indireta, com sentido não significativo para um indivíduo com AUTISMO/TEA, pois geralmente ele não compreende o que o educador está querendo dizer e, muitas vezes, o educador precisa repetir o que falou. Por exemplo, se o educador fala "Todos devem ficar sentados até o momento que eu chamar pelo nome", antes de repetir o que disse anteriormente, para o indivíduo com AUTISMO/TEA entender o que falou, deverá atrair a atenção dele. Poderá ir ao encontro do indivíduo, dar um toque no ombro e dizer o nome dele, observar se ele compartilha ou não a atenção por meio de pouco ou nenhum contato visual, e somente depois disso o educador deverá dirigir-lhe a palavra, di-

zendo, por exemplo: "João Pedro, fique sentado, só se levante quando eu chamar você";

• Depois que o educador conseguir a atenção do indivíduo com AUTISMO/TEA, e se ele tentar compreender o que o educador disse, é importante elogiar. Pode ser verbalmente, dizendo "Parabéns" ou "Muito bem", ou simplesmente fazendo um gesto visual (sinal de positivo, a mão direita fechada com o polegar apontado para cima) e transmitindo um sinal de recompensa;

• Sempre que possível, utilizar imagens para ajudar a compreensão;

• Dar tempo ao indivíduo com AUTISMO/TEA, para que reaja ao que disse, independentemente da demora ou da rapidez, bem como da maneira como irá reagir. O educador necessita ter paciência e esperar a resposta;

• Usar formas de comunicação diferentes, tais como canto, escrita, teatro, gestos ou mímica;

• Trabalhar o indivíduo com AUTISMO/TEA, no sentido de incentivá-lo, estimulando as melhores formas para ele se comunicar e aproveitando situações do dia a dia;

• Diversificar os contextos de comunicação (sala de aula, recreio, quadra de esportes, entre outros ambientes);

• Mediar a quantidade e a forma como a informação é transmitida ao indivíduo com AUTISMO/TEA, pois uma informação mal elaborada poderá ser agente de confusão e desmotivação;

• Procurar fazer com que o indivíduo com AUTISMO/TEA realize qualquer atividade por escrito após diálogo e instrução verbal, bem como depois de atividades práticas (desde que o educando seja alfabetizado). Já para os que não leem nem interpretam linguagem corporal e expressões faciais, as instruções verbais devem ser dadas de forma lenta, mesmo nas situações mais necessárias.

Emoções/sentimentos

- Tentar expressar claramente os seus sentimentos (por exemplo, se estou feliz, devo mostrar-me feliz e dizer que estou feliz);
- Iniciar o trabalho demonstrando emoções simples, como alegria, tristeza e medo, e depois passar para emoções complexas e mais internalizadas, como vergonha e orgulho (sempre por meio da ludicidade);
- Ajudar o indivíduo com AUTISMO/TEA a compreender e explicar os próprios sentimentos. Por exemplo, dar o brinquedo preferido ao indivíduo e perguntar: "Isso faz você feliz?" É interessante nomear as emoções quando elas acontecem naturalmente;
- Caso o indivíduo esteja triste ou demonstre ansiedade, procurar um lugar sossegado em que ele possa se acalmar;
- Aceitar que o indivíduo muitas vezes precisar ficar sozinho por uns instantes.

Interação social

- Com o tempo, ajudar o indivíduo com AUTISMO/TEA a desenvolver habilidades com o objetivo de estimular a relação com o outro e a interação social, por exemplo, treinando certas situações na escola e em casa, com familiares;
- Para iniciar a interação social, deve-se partir sempre de objetos e situações pelos quais o indivíduo com AUTISMO/TEA já mostra interesse;
- Canalizar o comportamento para formas socialmente aceitas. Por exemplo, se a criança gosta de bater palmas

com força, incentivá-la a tocar um instrumento como tambor;
- Ensinar ao indivíduo com AUTISMO/TEA o que é amizade, como ser um bom colega e como se comportar não apenas durante as brincadeiras ou os jogos, mas também durante as aulas.

Mudanças

- Preparar o indivíduo com AUTISMO/TEA para imprevistos ou mudanças, falando-lhe o assunto antecipadamente;
- Utilizar meios visuais, como painel de recado e outros, para agendar compromissos ou para introduzir mudanças;
- Quando possível, fazer mudanças na rotina gradualmente.

Interesses

- Incentivar o indivíduo com AUTISMO/TEA a expandir suas áreas de interesse;
- Ajudar a transformar interesses em *hobbies*, se possível;
- Oferecer oportunidades para desenvolver interesses novos ou diferentes;
- Apresentar objetos para aguçar o interesse do indivíduo com AUTISMO/TEA.

Expressão escrita

- Colocar em exposição as suas tentativas de escrita criativa para encorajá-lo a continuar a realizar um bom trabalho, de modo a proporcionar-lhe uma recordação visual das suas tentativas alcançadas anteriormente;
- Apoiar o indivíduo com AUTISMO/TEA na execução de tarefas de escrita criativa, quando já faz uso dela;

- Inicialmente, não ficar com esperanças de que indivíduos com AUTISMO/TEA sejam capazes de produzir uma gama de trabalho criativo de alto atributo;
- Reportagens em jornais, revistas, livros de histórias e gibis que abordem assuntos ou histórias que são do interesse do indivíduo com AUTISMO/TEA são excelentes para estimular, cada vez mais, a capacidade deles de criar.

Matemática

- Apresentar números para o indivíduo com AUTISMO/TEA e verificar se ele é capaz de absorver a linguagem e expressar a matemática em palavra, falando cada número que o educador apresentar;
- Alimentos são uma boa forma de ensinar um indivíduo com AUTISMO/TEA, pois é possível trabalhar com conceitos de "menos" e "mais" e de divisão, sendo mais proveitoso quando todos os colegas da sala participam;
- Usar as cores e introduzir operações e conceitos relacionados com o sistema monetário também é interessante.

Educação física

- Proporcionar ao indivíduo com AUTISMO/TEA atividades de educação física que possibilitem o desenvolvimento de coordenação, manipulação, equilíbrio, autoconfiança, iniciativa e ação;
- Dar instruções independentemente do quanto for difícil para o indivíduo com AUTISMO/TEA atendê-las, visto que, se isso não acontecer, o educador terá indivíduos com AUTISMO/TEA fazendo atividades livres, sem o menor sentido e objetividade, nem tendo significado algum;

- Quaisquer exercícios ou atividades desportivas novas ou complexas devem ser dadas por partes;
- Utilizar exercícios que envolvam o corpo inteiro, como locomover-se e passar por cima, por baixo e por dentro de obstáculos, entre outros.

É sempre bom lembrar:

- Para entender o indivíduo que tem AUTISMO/TEA, é preciso enxergar o indivíduo, e não o AUTISMO/TEA;
- O indivíduo com AUTISMO/TEA aprende com facilidade usando a memória visual;
- Alguns AUTISTAS têm capacidade de memória acima da média;
- Muitas vezes o indivíduo com AUTISMO/TEA concentra a atenção em uma área de interesse específico durante muito tempo;
- A pessoa com AUTISMO demonstra ter gosto por rotinas, e essa é uma forma de conseguir realizar tarefas do dia a dia e da escola;
- É atento aos detalhes e à exatidão;
- Dependendo do nível de comprometimento, gosta de abraçar e beijar;
- Pode apresentar dificuldade para realizar as atividades da vida diária (tomar banho, organizar as tarefas que precisa realizar etc.). Alguns podem precisar de apoio especializado para desenvolver suas tarefas do dia do dia, e outros podem levar uma vida relativamente "normal". Isso vai depender do nível de comprometimento do AUTISMO/TEA;
- Precisamos estabelecer vínculos positivos com o indivíduo AUTISTA. É importante obter o maior número de informações a respeito dele, para estarem estimadas na or-

ganização do planejamento escolar. Assim, haverá possibilidades de trabalhar habilidades, dificuldades e interesses;

• A escola necessita propiciar um ambiente acolhedor, fazendo com que o indivíduo com AUTISMO/TEA seja encorajado nas suas conquistas, não permitindo que ele sofra *bullying* na escola, principalmente por parte dos seus colegas de sala de aula;

• O indivíduo com AUTISMO/TEA carece de incentivos e, na escola, haverá muitos incentivos para participar de passeios, atividades em grupo, entre outras.

11
A importância do brincar, dos brinquedos e das brincadeiras

O brincar expressa vida! A criança, seja típica, seja atípica, nasceu para brincar, e brinca para viver! Conforme Bomtempo e Zamberlan (1996), o brincar para a criança é necessário, uma vez que isso contribui para seu desenvolvimento, bem como para sua capacidade de aprender e de pensar.

Um brinquedo é qualquer objeto que a criança possa usar no ato de brincar. Alguns permitem à criança divertir-se e, ao mesmo tempo, fazem com que ela aprenda sobre determinado assunto. Segundo Oliveira (1984), a riqueza do brinquedo decorre de sua capacidade de instigar a imaginação infantil. Ele auxilia a criança especial a sentir-se protegida e a superar alguma dor, frustração ou perda.

A brincadeira é uma atividade que medeia a relação e a percepção da criança sobre si mesma e sobre o mundo. Por meio dos gestos realizados pela criança, suas intenções, suas vontades e até suas tensões ficam visíveis. Spodek e Saracho (1998, p. 210) afirmam que é muito "difícil definir a brincadeira, mas, em certo sentido, ela se autodefine".

É por meio de brinquedos e brincadeiras que a criança poderá iniciar a construção de conhecimentos. Estudiosos garantem que, ao proporcionarmos à criança atividades que envolvam brinquedos e brincadeiras, ocorrerá o desenvolvimento da imaginação, da criatividade, do equilíbrio, do raciocínio e da agilidade de seus movimentos, além de muito divertimento! Assim, o brincar faz parte do desenvolvimento da criança, e os brinquedos e as brincadeiras são formas de ela manifestar o que vivencia, sente e aprende.

Qualquer criança aprende pela ação, quando vive experiências diretas e imediatas. A criança com AUTISMO/TEA é reconhecida por apresentar desordens na aprendizagem, revelações de comportamentos e problemas emocionais, bem como podem ter perda de função psicológica, fisiológica ou anatômica. Além de carinho, paciência, atenção e amor, a criança com AUTISMO/TEA precisa de diversão.

Sabe-se que a diversão tem um papel importante no processo do aprender, pois torna verdadeiro o conceito do aprender divertindo-se. Meninos e meninas com AUTISMO/TEA podem brincar com brinquedos comuns. Contudo, os brinquedos:

- devem ser inquebráveis;
- não podem ter pontas;
- precisam ter cores vivas;
- devem ter partes móveis;
- precisam ser sonoros;
- devem ter texturas diferentes.

São exemplos desses brinquedos:

- bola (sonora, de borracha macia e de meia);
- bichos (de borracha e de pelúcia);
- mola maluca;
- bolha de sabão;
- peteca;
- pião;
- chocalho;
- boneca(o) macio(a) ou de pano;

- jogos (memória, quebra-cabeça, boliche, entre outros);
- brinquedos de encaixe;
- pote da calma (o pote da calma pode ser um aliado na hora de tranquilizar, pois observar seus componentes movimentando-se lentamente faz os indivíduos com AUTISMO/TEA terem tempo de respirar mais fundo e acalmar-se);
- diversos brinquedos de tecido, madeira e borracha.

Cada brinquedo pode ter uma função ideal para cada caso, assim como cada brincadeira necessita ter intenções educativas específicas. O estímulo para criança com AUTISMO/TEA, no emprego de brinquedos e brincadeiras, pode expandir o seu potencial, se houver estimulação adequada à sua condição de desenvolvimento e ajustes conforme suas necessidades e possibilidades. Alguns indivíduos que estão no espectro podem ter dificuldades para manipular brinquedos convencionais, mas os pais e os educadores, entre outros, podem adaptar ou criar brinquedos apropriados para eles.

É preciso incentivar sempre a criança com AUTISMO/TEA a manusear brinquedos e a participar mais ativamente de brincadeiras. Nunca espere que ela faça isso sozinha; ajude-a. Sobretudo, não exija desse indivíduo com AUTISMO/TEA atuação incompatível com a realidade e o nível de maturidade no qual está.

Sabemos que brinquedos e brincadeiras são facilitadores dos processos de ensino e aprendizagem, mas precisamos conhecer vários tipos e variedades de brinquedos e brincadeiras, bem como saber para quais faixas etárias são adequados, as alternativas de exploração e as intencionalidades educativas. Ainda, é de fundamental importância conhecer a vida social do indivíduo com AUTISMO/TEA, porque assim é possível conhecer mais o nível do AUTISMO e o grau de comprometimento.

Dessa maneira, a pessoa com TEA poderá experimentar vivências lúdicas mais benéficas.

Podemos acreditar que brinquedos e brincadeiras contribuem definitivamente no processo de socialização, desenvolvendo no indivíduo com AUTISMO/TEA a possibilidade de se expressar e tornando-o capaz de responder às pretensões da sua qualidade de vida. Isso faz com que ele participe dos processos da aprendizagem de maneira feliz, divertida e muito prazerosa. Sendo assim, para indivíduos com AUTISMO/TEA, devemos oferecer brinquedos e ministrar brincadeiras que possibilitem atender adequadamente às suas necessidades e às suas possibilidades, com vistas a promover um cuidado eficaz com o seu desenvolvimento integral.

O indivíduo com AUTISMO/TEA constrói seu próprio mundo e, a partir deste, faz sua conexão para tentar compreender o mundo das outras pessoas. Mas não vamos nos iludir! O que importa é que todos os brinquedos e as brincadeiras que pais e educadores usam não são tão relevantes quanto a maneira como esse uso realmente comtempla a proposta educativa.

Uma vez que é possível promover experiências por meio de brinquedos e brincadeiras, sugiro o seguinte:

- Propiciar ao indivíduo com AUTISMO/TEA múltiplas oportunidades, por meio de brinquedos e brincadeiras, para que ele entre em contato com o seu mundo e gere diálogos com gestos ou palavras, bem como expresse experiências;
- Exercitar a atenção do indivíduo com AUTISMO/TEA por meio de brinquedos e brincadeiras os quais envolvam ações que demandem concentração;
- Priorizar atividades com brinquedos e brincadeiras ao ar livre, pois um espaço amplo propiciará a possibilidade

de movimentos, bem como o conhecimento da natureza.

É muito importante considerar estes aspectos fundamentais:

- Na escolha de brinquedos e brincadeiras, é necessário verificar se são seguros e se oferecem algum perigo.
- É preciso conferir se os brinquedos não são tóxicos;
- A conservação dos brinquedos e a manutenção da higiene deles são essenciais para que possam ser manuseados.

O brincar é considerado o alimento da alma. Portanto, vamos fazer com que o indivíduo com AUTISMO/TEA descubra, explore e manipule brinquedos e participe de brincadeiras, pois dessa maneira ele vai expandir suas potencialidades e experimentar o mundo ao seu redor em toda a sua plenitude.

Sugestões de brincadeiras

Brincar de fazer gestos do cotidiano

Intenção educativa: Desenvolver ou aperfeiçoar a coordenação motora global, a rapidez de reação e a percepção visual e auditiva.

Material: Nenhum (proferir palavras).

Desenvolvimento: Os educandos ficam à vontade na sala de aula, no pátio ou na quadra. Quando o educador fala alguma coisa, por exemplo, "escovar os dentes", o educando irá fazer uso de movimentos do corpo e expressar, por meio de gestos, como se escovam os dentes. Caso necessário, quando algum educando não entender o que foi solicitado, o educador deverá fazer o movimento, e o educando imitará o mesmo movimento realizado pelo educador. Seguem exemplos de palavras ou expressões que o educador poderá proferir:

- espreguiçar;
- bocejar;

- coçar a cabeça;
- lavar as mãos;
- lavar a cabeça;
- lavar o rosto;
- escovar os dentes;
- pentear os cabelos;
- limpar os ouvidos;
- tomar banho;
- coçar a barriga;
- mastigar;
- tossir;
- dar abraços;
- dar beijos;
- fazer carinho.

Andar de várias formas

Intenção educativa: Exercitar a imaginação e a criatividade, estimular a percepção visual e auditiva e desenvolver e aperfeiçoar a coordenação motora.

Desenvolvimento: Os educandos ficam à vontade na sala de aula, no pátio, na quadra ou em outra ambiência. O educador dará um comando, e os educandos irão realizá-lo, tais como:

- andar normalmente, passo a passo, um educando atrás do outro;
- andar em ritmos diferentes, sob o comando do educador, que criará o ritmo com palmas;
- andar formando um caracol;
- andar elevando os joelhos (alternados);
- andar com o tronco flexionado para frente;
- andar fora da linha e em cima da linha;

- andar em cima da linha;
- andar como um trenzinho;
- andar como um cavalinho galopando (sempre com o mesmo pé na frente);
- andar como um robô (corpo bem rígido);
- andar com as mãos sobre a cabeça;
- andar fazendo continência;
- andar batendo palmas;
- andar transportando objetos (copo com água, bola pequena na palma da mão aberta, um ovo cozido na colher).

Achar os bichos

Intenção educativa: Desenvolver cooperação, habilidade para andar, pronta reação, criatividade, coordenação motora e percepção visual e auditiva.

Material: Papel-cartão ou cartolina, canetinhas ou lápis de cor, cola, tesoura, livros com figuras ou revistas.

Desenvolvimento: O educador espalha no chão de uma sala de aula, no pátio, na quadra ou em outra ambiência cartões com figuras de animais (cachorro, gato, porco, macaco, galinha etc.). Os educandos vão caminhando e, quando passam pelos cartões, sem pisá-los, imitam o som que o bicho produz.

Raios de sol

Intenção educativa: Desenvolver e aperfeiçoar iniciativa, atenção, coordenação motora e habilidades motoras.

Material: Giz, papelão, cola, tinta ou lápis de cor, fita-crepe, barbante ou linha.

Desenvolvimento: Os educandos sentam no chão em círculo na sala de aula, no pátio ou em outra ambiência. No centro da roda, o educador desenha um sol usando giz, fita-crepe, barbante ou linha ou, se preferir, desenha um círculo de papelão pintado de amarelo e cola no centro da roda. Em seguida, cada educando traça uma linha do desenho (sol) ou do círculo de papelão usando um giz ou colocando um pedaço grande de barbante ou linha até o seu lugar (onde estava sentado). Dessa maneira, os educandos irão fazer raios de sol.

Instrumentos mudos

Intenção educativa: Obter conhecimento sobre instrumentos musicais e desenvolver e aperfeiçoar a atenção, a criatividade e a percepção visual e auditiva.

Material: Nenhum (utilizar a voz e expressar o movimento rítmico de instrumentos).

Desenvolvimento: Os educandos ficam sentados no chão em círculo, na sala de aula, na quadra, no pátio ou em outra ambiência. Cada educando irá prestar atenção na explicação do educador referente a instrumentos musicais, o som que cada um produz e como se toca cada instrumento, mostrando-se o movimento rítmico de cada um – por exemplo, piano, tambor, violão, violino, flauta, bateria, sanfona e prato. Ao iniciar a brincadeira, o educador pedirá que cada educando imite o movimento rítmico de um instrumento musical que ele explicou, mas sem emitir som (deverá ficar mudo).

Dobrar papel

Intenção educativa: Desenvolver ou aperfeiçoar a coordenação oculomanual (ou coordenação olho-mão), a agilidade, a atenção e a percepção visual.

Material: Pedaços de papel de igual tamanho.

Desenvolvimento: O educador distribui um pedaço de papel de igual tamanho para cada educando. Os educandos podem estar sentados em suas carteiras ou no chão da sala de aula, do pátio, da quadra ou de outra ambiência. Cada educando deverá dobrar o papel, até deixá-lo bem pequenininho (não pode amassar).

De grão em grão

Intenção educativa: Obter novos conhecimentos e desenvolver a atenção, a coordenação motora, a percepção visual e a agilidade.

Material: Um pé de meia e uma caixa com grãos de milho.

Desenvolvimento: Os educandos ficam sentados em círculo no chão da sala de aula, no pátio, na quadra ou em outra ambiência. Em uma das mãos, o educando deverá estar segurando um pé de meia. O educador prepara uma caixa com grãos de milho e vai passando com a caixa na frente dos educandos. Cada educando deverá pegar um pouco de grãos de milho da caixa e colocá-los na meia. Enquanto pegam grãos de milho, cantam: "De grão em grão, a galinha enche o papo!"

Observação das diferenças

Intenção educativa: Desenvolver discriminação visual, percepção, linguagem e classificação de objetos.

Material: Objetos com o mesmo fim, mas de vários tamanhos ou formas diferentes.

Desenvolvimento: O educador faz uma explicação referente a objetos que se parecem e são utilizados para uma mesma finalidade, mas que podem ter tamanhos ou formas diferentes. Depois, o educador irá reunir diversos objetos com a mesma finalidade de utilização, mas com tamanhos ou formas distintos (por exemplo, um sabonete pequeno e um grande, um copo alto e outro baixo, entre outros objetos), e pedir aos educandos para formarem pares com os objetos; a seguir, poderão falar das diferenças e das funções (educandos que não falam deverão unir os objetos que se parecem e poderão imitar, com movimentos rítmicos, a maneira como usam o objeto no dia a dia).

Chegue rápido no tapete

Intenção educativa: Desenvolver e aperfeiçoar a coordenação motora, a atenção, a concentração, a agilidade, a rapidez de reação e a percepção visual e auditiva.

Material: Folhas de jornal ou papel pardo cortado no tamanho de uma folha de jornal (inteira).

Desenvolvimento: As folhas de jornal ou papel pardo devem ser colocadas no chão com uma certa distância entre cada uma. Os educandos, ao comando do educador, saltitam ou correm, passando por cima dos tapetes. A um sinal do educador, todos param. Os educandos que estiverem pisando na folha de jornal ou papel pardo ou que, ao parar de saltitar ou correr, pararem em cima delas, deverão ficar fora da brincadeira e permanecer sentados. E assim sucessivamente.

Strike!

Intenção educativa: Desenvolver agilidade, percepção visual, atenção, coordenação sensório-motora e interação.

Material: Garrafas de plástico, rolos de cartolina ou de papelão, bolas feitas de meia ou de borracha ou bolas de tênis.

Desenvolvimento: Depois de organizar um espaço para fazer a pista, no pátio, na quadra ou em outra ambiência, colocam-se várias garrafas de plástico, rolos de cartolina ou papelão no fim da pista organizada. Os educandos podem ficar sentados, e o educador irá chamar um de cada vez para jogar. Algumas bolas de meia, plástico ou de tênis serão disponibilizadas, com as quais os educandos tentarão acertar os objetos organizados no fim da pista, podendo fazer *strike* (acertar todos os objetos).

Por meio de brincadeiras adequadas, o indivíduo com AUTISMO/TEA desenvolverá imaginação e afetos, descobrirá habilidades e criará competências cognitivas e interativas. Pais, educadores e outros profissionais podem trabalhar com as pessoas com AUTISMO/TEA baseando-se em três eixos:

- as atividades lúdicas (cantar, desenhar, pintar, pular etc.);
- a movimentação dos indivíduos com AUTISMO/TEA;
- as relações afetivas que indivíduos com AUTISMO/TEA possam desenvolver.

Toda a ação por meio de brincadeiras interativas necessita ser bem conduzida, mas isso só acontece quando envolve:

- memória;
- emoção;
- linguagem;
- atenção;
- percepção;
- criatividade;
- motivação;
- ação.

Vamos guiar os indivíduos com AUTISMO/TEA que estejam com dificuldades de socialização e comunicação, para que, por meio de brincadeiras prazerosas, aprendam novas habilidades e sintam-se mais felizes e acolhidos.

12
A família e o autismo

É na família que o indivíduo recebe cuidados, amor, afeto e educação. É também na família que são transmitidos valores morais e sociais, que permitirão a interação social do indivíduo, bem como as crenças e os costumes.

A família é, de acordo com Borba *et al.* (2011), uma complexa unidade social formada a partir de um conjunto de pessoas e suas ligações. Assim sendo, ela faz parte de um conjunto de relações decorrentes da cultura, das crenças, de desordens, de planos e de sonhos e vai se moldando ao longo do tempo, podendo sofrer crises e mudanças.

Ao mencionar crises e possíveis mudanças, refiro-me ao nascimento de um bebê na família, episódio que acende claras alterações e demanda alterações de funções para acolher a criança que virá. Contudo, o nascimento de uma criança com necessidades especiais, como uma criança com AUTISMO/TEA, faz com que uma crise instale-se, alterando a vida familiar e causando angústia e estresse.

A convivência com uma criança com indicadores de AUTISMO/TEA coloca a família diante de um fato desconhecido, e que só deixará de sê-lo quando os pais e os demais familiares forem capazes de aceitar que algo realmente está acontecendo. É nesse momento que a família se depara com seus próprios preconceitos, que poderão caminhar para a rejeição ou para a aceitação do AUTISMO.

A família almeja que o seu bebê nasça saudável e, nesse contexto, em momento algum espera que isso possa ser diferente. Quando uma criança, por mais tardio que seja, é diagnosticada com alguma deficiência ou algum transtorno, como o AUTISMO/TEA, os pais passam a viver uma dolorida ação de consternação pela perda da criança tão amada e idealizada.

Após o diagnóstico, a família passa por sérias dificuldades. Levam um susto quando descobrem que são pais de um indivíduo com AUTISMO/TEA e, muitas vezes, podem ouvir que dois filhos na mesma família podem ter essa condição. Também não seria surpreendente se a mãe ou o pai de um indivíduo AUTISTA fosse diagnosticada(o) com o transtorno, até porque, se foi, perceberá que, quando criança, preferia brincar sozinho(a), mesmo que educadores e familiares tentassem fazer com que interagisse com colegas. Quando isso acontecia, não sabia o que fazer, nem o que dizer; além disso, muitas vezes tinha interesse acentuado em um determinado assunto. Observando bem o comportamento do filho, nota que também havia passado por várias situações semelhantes.

A atitude da família do educando com AUTISMO/TEA, é notada como um impedimento no processo de inclusão escolar, principalmente por não reconhecer as capacidades do filho. A família vê-se de frente com o desafio de organizar seus propósitos, hábitos e expectativas para poder dar ao filho um futuro adequado a suas limitações e necessidades.

Muitos estudiosos fizeram uma precisa revisão histórica referente à questão do estresse em familiares de indivíduo com AUTISMO/TEA, e foi possível identificar níveis vultosos de estresse nas famílias pesquisadas. As pesquisas sugerem que o convívio e os cuidados continuados prestados a indivíduos com AUTISMO/TEA mostra-se um poderoso estressor, que age sobre a vida das famílias de modo muito peculiar. As maiores preocupações são:

1. aceitação na sociedade;

2. possibilidade de o indivíduo com AUTISMO/TEA apresentar inabilidades graves, carecendo de cuidados intensos no decorrer da sua vida;

3. preocupação com o futuro do indivíduo com AUTISMO/TEA.

O que pode ajudar tanto o indivíduo com AUTISMO/TEA quanto seus pais é o revezamento de cuidados. Quando só um dos pais fica incumbido do cotidiano da pessoa com TEA, recaem muitas obrigações sobre uma só pessoa, o que acaba afetando a saúde física e mental e o relacionamento conjugal.

De acordo com Mello (2007), os dois ambientes fundamentais nos quais acontece o aprendizado são a escola e o lar. É melhor ensinar as habilidades para o dia a dia em casa, como comer sem ajuda, usar o banheiro, escovar os dentes, entre outras atividades de rotina. Isso fará diferença na qualidade de vida da pessoa com AUTISMO/TEA. É importante que os pais trabalhem pela independência do filho, incentivando-o a se vestir, comer, entre outros afazeres, com pouca ajuda, até para ver a possibilidade de ele ficar totalmente sem auxílio.

Com essas incitações, o indivíduo com AUTISMO/TEA poderá sentir necessidade de se comunicar, desenvolvendo sua fala. Tudo deverá ser realizado com calma. Levando em consideração que a ampliação do desenvolvimento da pessoa no espectro é vagaroso, os pais não podem esquecer de sempre elogiar cada progresso adquirido.

Montandon (2005) aborda a importância de experiências diversificadas, que devem ser promovidas pelos pais, de modo que o indivíduo com AUTISMO/TEA vá aos poucos adquirindo autonomia. Dessa forma, a participação da família é muito importante no processo do aprendizado do indivíduo com AUTISMO/TEA, e a ela deve-se grande parte do sucesso escolar, bem como do incentivo à interação social. Logo, a família deve ficar responsável pelo processo de socialização do indivíduo com AUTISMO/TEA, pois a socialização segue por toda a vida, admitindo o ajustamento do indivíduo com AUTISMO/TEA a diferentes situações, pertinentes às suas necessidades.

Algumas vezes, a família acredita que faz a sua parte ao sobrecarregar a agenda com tratamentos de reabilitação, ou seja, centrando todo tempo, dinheiro e energia em uma parte específica daquele ser humano, tentando enquadrá-la no padrão normal conhecido. Mas é importante perceber o autista como um ser completo, com necessidades que vão além das dificuldades intrínsecas à sua condição.

Para que a socialização aconteça, a família poderá fazer passeios com seus filhos em lugares públicos, de modo que seus filhos possam brincar livremente e ter contato com outras pessoas. É imprescindível que toda atividade seja planejada antes e que os pais estejam certos de que terão a situação sob domínio, para não serem surpreendidos por acontecimentos inesperados.

É no seio familiar que a criança aprende os horários das refeições, os hábitos de higiene, a linguagem e as regras de comportamento socialmente aceitos que lhe permitirão ser integrada no grupo (GOMES; MENDES, 2013). Para Garcia e Rodriguez (1997), é importante que toda a família esteja envolvida nas aprendizagens da criança com AUTISMO. Nesse sentido, uma vez que a pessoa com AUTISMO/TEA tem tendência a absorver hábitos, isso pode ser aproveitado em benefício dela mesma. As rotinas poderão ser organizadas com horários preestabelecidos para diversos afazeres do dia, entretanto isso deve acontecer naturalmente.

É imprescindível não só levar em consideração a importância da rotina, como também considerar que o indivíduo com AUTISMO/TEA precisa instruir-se a aceitar mudanças. Por esse e por outros motivos, é necessário que pais e educadores façam pequenas modificações na vida cotidiana do indivíduo com AUTISMO/TEA, aos poucos, como alterar alguns horários de tempo livre ou tentar trocar o lugar onde ele se senta na escola.

Perante o reconhecido impacto do AUTISMO/TEA nos lares de famílias que têm crianças com o transtorno, muitos são capazes de organizar novas rotinas e procuram estratégias que ajudem em suas obrigações do dia a dia. Conforme Fiamenghi e Messa (2007), a adaptação das famílias depende da rede de apoio e dos serviços disponibilizados para o acompanhamento delas e de suas crianças. Assim, o bem-estar da criança e o da família caminham juntos, sendo necessário investir esforços em sua promoção.

É muito comum que o diagnóstico de AUTISMO na família repercuta no dia a dia, no que tange às alterações de hábitos e de trabalho, pois principalmente a mulher (mãe) que tem um emprego precisará deixar de trabalhar para assumir os cuidados do filho AUTISTA. Essa situação é muito sofrida para uma mãe que, além de parar de trabalhar e passar a cuidar do filho integralmente, não conseguirá mais ter vida social, o que pode trazer vários problemas para si mesma, como depressão, estresse, entre outros. Com isso, famílias que experienciam situações como essa sentem-se incompreendidas e usam redes sociais, livros e conversas com outras famílias como forma de ter algum tipo de amparo.

Referente a perspectivas futuras, muitas famílias preocupam-se com – ou evitam até pensar em – como seus filhos com AUTISMO/TEA estarão no futuro e quem os ajudará. Algumas famílias conseguem perceber a evolução gradual de seus filhos quando estes recebem o devido tratamento, embora a maioria delas tenha muitas dificuldades no acesso a ele. Ainda assim, a maioria das famílias que têm filho com AUTISMO confiam, acreditam e cultivam expectativas de um amanhã melhor.

Diante de muitas barreiras, a vida das famílias de indivíduos com AUTISMO/TEA divide-se entre ocasiões tristes e felizes. Percebe-se que a maioria das famílias tentam viver seus dias com muita perseverança e união. Por isso, creio que pais, juntamente com filhos com AUTISMO/TEA, necessitam de apoio psicológico, seja por meio de grupos com outras famílias, seja por meio de atendimentos individuais. Dessa forma, entende-se que isso poderá contribuir tanto para o bem-estar do indivíduo com AUTISMO/TEA quanto para o bem-estar de seus familiares.

13
Diagnóstico e classificação médica do autismo

Diagnóstico médico do autismo

Diagnosticar o AUTISMO/TEA não é fácil, até porque não existe um exame específico para esse fim, e a variedade dos sinais do transtorno dificulta a conclusão do diagnóstico por um médico. Na maior parte dos casos, os sinais podem ser vistos pelos pais e, principalmente, por educadores na escola, desde a educação infantil. As observações dos educadores devem ser feitas na convivência diária com os educandos, pois assim é possível averiguar a comunicação, o comportamento e a socialização deles.

O primeiro médico a que os pais levam seus filhos é o pediatra; quando não há possibilidade de este atendê-los, levam a um clínico geral. Faz-se necessário acompanhamento periódico do desenvolvimento da criança com um desses profissionais, por eles terem uma visão integral da criança.

Os médicos avaliam, via de regra, o comportamento e o desenvolvimento da criança. Às vezes, o AUTISMO/TEA é detectado com 18 meses ou menos, mas há casos em que um médico estudioso e com experiência consegue aos 2 anos diagnosticar o AUTISMO/TEA, e esse diagnóstico pode ser considerado seguro. Atualmente, o diagnóstico AUTISMO/TEA está sendo aprimorado por juízo crítico que conecta as áreas social, da comunicação e do comportamento.

É fundamental que pais, educadores e outros profissionais tenham ciência de que o diagnóstico do AUTISMO/TEA é basicamente clínico, realizado por meio de observação direta para identificação de aspectos do comportamento, da fala e da socialização da criança ou do jovem. Também é feita uma entrevista exploratória com pais, educadores e outras pessoas que convivam com um indivíduo com indicadores de AUTISMO/TEA.

A averiguação clínica deve iniciar com uma anamnese completa e cautelosa, especificamente sobre os inúmeros fatores de risco que podem contribuir para o surgimento do transtorno, podendo qualificá-los como pré-natais, perinatais, ambientais ou mutacionais. Também é necessário um exame físico e neurológico completo, incluindo triagem para deficiência visual e auditiva.

Ao longo dos anos, foram criados diversos instrumentos (escalas, pareceres e testes) que procuram auxiliar o diagnóstico do AUTISMO/TEA. Profissionais estudiosos e com expertise, como psicólogos, neuropsicólogos, fonoaudiólogos, neuropsicopedagogos e psicopedagogos, podem avaliar crianças ou jovens com sinais de AUTISMO/TEA utilizando escalas diagnósticas, avaliações neuropsicológicas, psicopedagógicas ou neuropsicopedagógicas. Tais recursos devem, de fato, ter evidências científicas e ser validados para o exercício do profissional.

Alguns instrumentos de avaliação sugerem pontos que podem guiar os profissionais em atendimentos para a identificação precoce de características conexas ao AUTISMO/TEA em crianças entre 1 e 3 anos. Pode-se usar o Questionário do Desenvolvimento da Comunicação (QDC), a Escala M-CHAT – que poderá ser aplicada entre 16 e 30 meses de idade – e os sinais de alerta de PREAUT (LAZNIK, 1998) – que apontam para a necessidade de contar com a avaliação de uma equipe multidisciplinar.

No caso de indivíduos com idade menor do que 2 anos, especialmente menores de 16 meses, a utilização dos instrumentos de triagem deve ser feita com bastante cautela, pois os sinais de alerta podem ser interpretados erroneamente.

Em outros países são muito utilizados os seguintes instrumentos que ajudam a aferir o diagnóstico:

- Entrevista para o Diagnóstico do Autismo (Autism Diagnostic Interview ou ADI-R) (BECKER, 2009);
- Escala de Observação para Diagnóstico do Autismo (Autism Diagnostic Observation Schedule ou ADOS) (PACÍFICO, 2019).

O ADI-R é uma escala de entrevista considerada um dos procedimentos padrão ouro para diagnóstico do AUTISMO/TEA. Na literatura internacional, é a mais utilizada em pesquisas e publicações. O ADOS, por sua vez, é uma escala de observação; é uma avaliação padronizada e semiestruturada para indivíduos com idade mental de 3 anos ou mais e com supostas PEAs.

A opção por determinado instrumento para aferir o autismo da forma mais adequada pode variar de caso para caso e dos conhecimentos de cada especialista que atende a pessoas com indicadores de TEA. Listo os instrumentos básicos para analisar o comportamento dos indivíduos com indicadores, além do ADI-R e do ADOS:

- Lista de Checagem de Comportamento Autístico (ABC);
- Questionário de Triagem Para Autismo (ASQ);
- Avaliação de Traços Autísticos (ATA);
- Avaliação de Tratamentos do Autismo (ATEC);
- Escala de Avaliação Para Autismo Infantil (CARS);
- Gilliam Autism Rating Scale (GARS-2);
- Escala Para Rastreamento de Autismo Revisada (M-CHAT-R/F);

- Perfil Psicoeducacional (PEP-3);
- Sistema de Avaliação do Transtorno do Espectro Autista Vineland (PROTEA-R).

Recentemente, a nova maneira para diagnosticar o AUTISMO/TEA é baseada na história do desenvolvimento do indivíduo e em observações sobre ele. A partir disso, indica-se um agrupamento dos critérios pertinentes à comunicação e à socialização em uma só categoria, e abarcam-se sintomas do aspecto sensorial, conexo à visão, à audição, ao tato, ao movimento e à oralidade. Ainda, a ciência médica ininterruptamente considerou o AUTISMO uma disfunção de extensa constância, e indivíduos com essa disfunção podem exibir alguns progressos, mas jamais serem curados.

Alguns indicadores, apesar de não peculiares para identificação de risco para AUTISMO/TEA, devem ser acatados e investigados, principalmente pela assiduidade com que acontecem. Exemplos disso são perda de competências antes adquiridas, alterações do sono, agressões e alterações da função alimentar (seletividade, recusa ou regurgitação de alimentos). Além disso, as queixas e os apontamentos sobre o desenvolvimento de crianças e jovens na perspectiva das famílias devem ser sempre ouvidos com atenção e bem avaliados.

Profissionais da saúde precisam estudar o CID-11 e o DSM-V para realizar o diagnóstico, reconhecendo que todo indivíduo (criança, jovem ou adulto) com as características do AUTISMO estão dentro do transtorno do espectro autista. De acordo com entendimento do grupo de cientistas, os critérios de diagnóstico nunca foram muito claros. Acreditam atualmente que indivíduos com perturbações do espectro do autismo apresentam alguns dos comportamentos peculiares e, dessa maneira, é crucial definir o diagnóstico por nível de intensidade (leve, moderado e severo).

Os critérios diagnósticos do TEA, segundo o *Manual Diagnóstico e Estatístico de Transtornos Mentais (DSM-V)* (APA, 2014), são:

A) Déficits persistentes na comunicação e na interação social em múltiplos contextos, conforme manifestado ou por história prévia:

1) Déficits na reciprocidade socioemocional, variando, por exemplo, de abordagem social anormal e dificuldade para estabelecer uma conversa normal a compartilhamento reduzido de interesses, emoções ou afeto, a dificuldade para iniciar ou responder a interações sociais;

2) Déficits nos comportamentos comunicativos não verbais usados para interação social, variando, por exemplo, de comunicação verbal e não verbal pouco integrada a anormalidade no contato visual e na linguagem corporal ou déficits na compreensão e no uso de gestos, ausência total de expressões faciais e comunicação não verbal;

3) Déficits para desenvolver, manter e compreender relacionamentos, variando, por exemplo, de dificuldade em ajustar o comportamento para se adequar a contextos sociais diversos, a dificuldade em compartilhar brincadeiras imaginativas ou em fazer amigos, além da ausência de interesse por pares.

• Especificar a gravidade atual: a gravidade baseia-se em prejuízos na comunicação social e em padrões de comportamento restritos e repetitivos.

B) Padrões restritos e repetitivos de comportamento, interesses ou atividades, conforme manifestado por, pelo menos, dois dos seguintes aspectos, atualmente ou por história prévia:

1) Movimentos motores, uso de objetos ou fala estereotipados ou repetitivos (por exemplo, estereotipias motoras simples, costume de alinhar brinquedos ou girar objetos, ecolalia, frases idiossincráticas);

2) Insistência nas mesmas coisas, adesão inflexível a rotinas ou padrões ritualizados de comportamento verbal ou não verbal (por exemplo, sofrimento extremo em relação a pequenas mudanças, dificuldades com transições, padrões rígidos de pensamento, rituais de saudação, necessidade de fazer o mesmo caminho ou ingerir os mesmos alimentos diariamente);

3) Interesses fixos e altamente restritos que são anormais em intensidade ou foco (por exemplo, forte apego ou preocupação com objetos incomuns, interesses excessivamente circunscritos ou perseverativos);

4) Hiper ou hiporreatividade a estímulos sensoriais ou interesse incomum por aspectos sensoriais do ambiente (por exemplo, indiferença aparente a dor/temperatura, reação contrária a sons ou texturas específicas, costume excessivo de cheirar ou tocar objetos, fascinação visual por luzes ou movimento).

- Especificar a gravidade atual: a gravidade baseia-se em prejuízos na comunicação social e em padrões de comportamento restritos e repetitivos.

C) Os sintomas devem estar presentes precocemente no período do desenvolvimento (mas podem não se tornar plenamente manifestos até que as demandas sociais excedam as capacidades limitadas ou podem ser mascarados por estratégias aprendidas mais tarde na vida);

D) Os sintomas causam prejuízo clinicamente significativo no funcionamento social, profissional ou em outras áreas importantes da vida do indivíduo no presente;

E) Esses distúrbios não são mais bem explicados por deficiência cognitiva ou atraso global do desenvolvimento.

O atual CID-11 situou juízo crítico de diagnósticos do AUTISMO/TEA iguais aos do DSM-V. As mudanças no diagnóstico incluíram a remoção de outras condições, como a síndrome de Asperger e o distúrbio pervasivo de desenvolvimento sem outra especificação, e a concepção de uma propriedade extensa, denominada transtorno do espectro autista. Tanto no DSM-V (APA, 2014) quanto na CID-11 (OMS, 2019), os transtornos do espectro são atrelados a um só diagnóstico. Apesar de diversos entraves na utilização do DSM-V e da CID-11, ambos são decisivos para aferir o diagnóstico do AUTISMO/TEA, bem como de outros transtornos. É importante, ainda, lembrar que o diagnóstico de TEA estabelece uma descrição, e não uma explicação.

Classificação médica do autismo

A OMS lançou, em 18 de junho de 2018, a nova CID, que entrou em vigor no dia 1º de janeiro de 2022. A classificação do AUTISMO/TEA pela CID-11 (OMS, 2019) é a seguinte:

- 6A02 – Transtorno do Espectro do Autismo (TEA);
- 6A02.0 – Transtorno do Espectro do Autismo sem Deficiência Intelectual (DI) e com comprometimento leve ou ausente da linguagem funcional;
- 6A02.1 – Transtorno do Espectro do Autismo com Deficiência Intelectual (DI) e com comprometimento leve ou ausente da linguagem funcional;

- 6A02.2 – Transtorno do Espectro do Autismo sem Deficiência Intelectual (DI) e com linguagem funcional prejudicada;
- 6A02.3 – Transtorno do Espectro do Autismo com Deficiência Intelectual (DI) e com linguagem funcional prejudicada;
- 6A02.5 – Transtorno do Espectro do Autismo com Deficiência Intelectual (DI) e com ausência de linguagem funcional;
- 6A02.Y – Outro Transtorno do Espectro do Autismo especificado;
- 6A02.Z – Transtorno do Espectro do Autismo, não especificado;
- LD90.4 – Síndrome de Rett.

Médicos e outros profissionais da área da saúde usam diferentes denominações e linguagem para descrever pessoas com AUTISMO/TEA. O indivíduo poderá ser diagnosticado com uma das condições relacionadas anteriormente ou pode ser diagnosticado apenas como AUTISTA, tendo PEAs. O termo "espectro" é utilizado porque o AUTISMO/TEA afeta diferentes aptidões de cada indivíduo.

O DSM-V foi publicado em decorrência de anos de estudos, revisões, pesquisas e observações, e os resultados foram averiguados por inúmeros profissionais de diferentes áreas. O desígnio foi garantir que a nova classificação fosse um manancial seguro e cientificamente concluso para o bom emprego em observação e análise da prática clínica. Assim, a utilização do DSM-V oportuniza consenso entre profissionais, fornecendo uma unificação na linguagem psiquiátrica e promovendo diálogo em meio aos diversos profissionais.

O TEA engloba transtornos antes chamados de autismo infantil precoce, autismo infantil, autismo de Kanner, autismo de alto funcionamento, autismo atípico, transtorno global do desenvolvimento sem outra especificação, transtorno desintegrativo da infância e transtorno de Asperger. Atualmente, no DSM-V, são realizadas distinções de acordo com o nível de comprometimento em relação à interação e à comunicação. Em linhas gerais, o TEA pode ser classificado conforme o grau de dependência e/ou necessidade de suporte, podendo ser considerado leve, moderado ou severo.

Com isso, todos os tipos de AUTISMO anteriormente nomeados passaram a fazer parte da designação geral transtornos do espectro autista.

14
Tratamento para o autismo

Conhecer os fatores que facilitam ou retardam o processo de diagnóstico do TEA, desde o reconhecimento dos sinais de alerta pelos pais até as dificuldades enfrentadas na busca pelo tratamento, é importante para as ações preventivas de identificação e intervenção precoces. Pesquisas evidenciam que a identificação precoce dos sinais e dos sintomas de risco para o desenvolvimento do AUTISMO/TEA é decisivo, pois, quanto antes for iniciado o tratamento, melhores são os efeitos nos aspectos do desenvolvimento cognitivo, da linguagem e das habilidades em geral.

É fundamental a identificação precoce e o acesso aos auxílios necessários, pois continuamente o indivíduo com AUTISMO/TEA precisará de intervenção para o desenvolvimento ou o aperfeiçoamento de seus potenciais, e assim terá bons resultados, melhorando a sua capacidade funcional e a sua inclusão em todas as ambiências. O elemento essencial para bons resultados desse desígnio será a participação da família, de educadores e de profissionais de diversas áreas.

A qualidade do atendimento diário ao indivíduo com AUTISMO/TEA só poderá ser obtida a partir de abordagens multidisciplinares ou multimodais (aquelas em que existem vários profissionais atendendo ao mesmo paciente de maneira independente).

Quando há suspeita de AUTISMO/TEA, em muitos países desenvolvidos, como Holanda, França, Japão, Austrália e França, é feita uma análise de cada caso e inicia-se uma investigação por uma equipe multidisciplinar. Essa equipe comunica-se entre si, e os profissionais chegam a um diagnóstico legítimo juntos.

O tratamento de indivíduos com AUTISMO/TEA nesses países é realizado imediatamente, com todas as intervenções necessárias e com profissionais especializados (como fonoaudiólogos, psicólogos, terapeutas ocupacionais etc.), bem como exames necessários. Além disso, os governos desses países desenvolvidos oferecem legítimo auxílio financeiro para as famílias, com o intuito de melhorar o bem-estar delas, proporcionando boa qualidade de vida ao AUTISTA e aos familiares, que lutam dia a dia para acompanharem de perto o progresso dos seus filhos.

Ressalto que todos os indivíduos que estudam nas instituições de ensino nesses países vão se desenvolvendo habituados com as diferenças e são instruídos a entender e aprender a respeitar seus semelhantes da maneira como eles são. Isso faz toda a diferença para ajudar indivíduos com AUTISMO/TEA em seu tratamento.

Além disso, o tratamento nos países desenvolvidos, com todas as intervenções necessárias para que o indivíduo seja o mais independente possível (psicólogos especialistas em análise do comportamento, terapeutas ocupacionais, fonoaudiólogos etc.), assim como os exames excludentes, são todos subsidiados pelo governo de cada país. Cito como exemplo o tratamento específico em alguns países como Portugal, Estados Unidos e Holanda.

Em Portugal, o indivíduo passa por avaliação por meio de um eletroencefalograma quantitativo, que adverte com precisão se o indivíduo tem ou não uma disfunção neurológica. Após esse exame, é realizada uma análise das condutas e dos setores em que o indivíduo demostra dificuldades. O procedimento para intervenção baseia-se em sessões psicológicas e neurofeedback. Tais sessões permitirão intervir com o indivíduo e com os pais, ajustando métodos para lidar com as dificuldades, promovendo o desenvolvimento e excitando as áreas em defasagem. Por meio do treinamento de neurofeedback, a pessoa irá instruir-se e readquirir a estabilização do seu cérebro. Sendo assim, o treinamento por meio de neurofeedback deixará o cérebro mais ativo e focado enquanto exerce uma atividade e mais tranquilo enquanto relaxa ou dorme.

Nos Estados Unidos, um dos procedimentos mais indicados atualmente é o método ABA (de Applied Behavior Analysis no inglês). Trata-se de uma abordagem da psicologia utilizada para entender o comportamento do indivíduo com AUTISMO/ TEA, sendo, assim, intitulada de Terapia Comportamental. As oportunidades de aprendizagem são reiteradas muitas vezes até que o indivíduo comprove a habilidade sem erro em diversos ambientes e ocasiões. A Associação para a Ciência do Tratamento do Autismo dos Estados Unidos afirma que o método ABA é o único tratamento com ênfase científica satisfatória para ser considerado eficaz.

Saliento que em alguns países, inclusive Estados Unidos e Holanda, existe a residência assistida. São condomínios fechados com apoio de equipes multidisciplinares (psicólogos, terapeutas ocupacionais, fonoaudiólogos, psiquiatras etc.) que acodem os AUTISTAS, inclusive AUTISTAS adultos que vivem de forma independente. Alguns moram sozinhos e aprendem no cotidiano tarefas rotineiras.

Geralmente, os tratamentos de primeira linha para indivíduos com AUTISMO/TEA incluem tratamentos psicossociais e intervenções educacionais, com o objetivo de maximizar a aquisição da linguagem, melhorar as habilidades sociais e comunicativas e acabar com os comportamentos mal-adaptativos.

Alguns autores asseguram que o plano do tratamento necessita ser adaptado ao desenvolvimento do indivíduo. A terapia da fala e a interação social precisam ser a prioridade das crianças menores. Deve começar cedo e utilizar uma multiplicidade de procedimentos, a fim de que os profissionais esquematizem e pratiquem técnicas para ajudar as crianças a equilibrarem déficits peculiares da função motora e do processamento sensorial. Ainda, fornecem orientações aos seus familiares.

Com os jovens, o trabalho será em grupo, abordando vários temas, bem como haverá uso da terapia ocupacional, principalmente para o desenvolvimento das habilidades sociais (capacidade de proteger os próprios interesses e capacidade de construir relacionamentos).

No Brasil, assim como nos países mais desenvolvidos, são muitos métodos que auxiliam o indivíduo com AUTISMO/TEA, em seu tratamento. Cito alguns deles a seguir.

Terapia Comportamental (TC)

Tem como desígnio tratar diferentes problemas de saúde, como a depressão e a dependência de drogas. Oportuniza aos indivíduos modificações nos seus sentimentos e condutas. Com o passar do tempo e o tratamento contínuo, essa terapia auxilia na recuperação de um sofrimento mental constante ou passageiro. É eficaz no tratamento de várias desordens, e, no caso do AUTISMO/TEA, é de grande eficácia em jovens e crianças.

Tratamento e Educação para Autistas e Crianças com Déficits Relacionados à Comunicação (TEACCH, na sigla em inglês)

Este método é um outro tipo de terapia comportamental, instituído no fim da década de 1960, na Universidade da Carolina do Norte (UNC), nos Estados Unidos. A finalidade desse método, adotado por diversos profissionais, é trabalhar os problemas relacionados à comunicação e ensinar habilidades. Auxilia indivíduos com AUTISMO/TEA a entenderem melhor o mundo ao seu redor e colabora para o indivíduo com AUTISMO/TEA aprender, tanto em casa quanto em outros ambientes de aprendizagem, sem que haja interrupções.

Sistema de Comunicação por Troca de Figuras (PECS)

Desenvolvido em 1985 nos Estados Unidos, o PECS foi organizado para aprimorar as capacidades físicas, cognitivas e comunicacionais de indivíduos com AUTISMO/TEA, sobretudo os indivíduos com fala inexistente ou limitada. São usadas figuras como forma principal de conversa, que suprem a comunicação verbal, de modo que a pessoa não fique sem se comunicar.

Equoterapia

Este tratamento tem sido cada vez mais utilizado no Brasil por conta dos ótimos resultados. A modalidade de terapia abrange todas as atividades e técnicas que têm o cavalo como mediador, e seu maior foco é educar ou reabilitar os indivíduos que apresentam Paralisia Cerebral (PC), Acidente Vascular Cerebral (AVC), traumatismo craniano, síndromes diversas, doenças genéticas e musculares (entre outras), atrasos do desenvolvimento psicomotor e diversos transtornos, inclusive o

AUTISMO/TEA. O tratamento oportuniza melhoras na coordenação motora global, no equilíbrio postural, na *performance* das habilidades do contexto escolar e na socialização.

Análise Comportamental Aplicada (ABA)

Esse tratamento incide na instrução ativa das habilidades imprescindíveis para que o indivíduo diagnosticado com AUTISMO/TEA torne-se autônomo e tenha a mais perfeita qualidade de vida possível. Baseada na observação e na averiguação, a aplicação da ABA é eficaz e mostra intenção para descoberta de novas aberturas comportamentais, o que colabora de maneira efetiva para o incremento de estudos, iniciados em 1980. Tais estudos indicam o quanto esse tipo de análise pode ser essencial para ajudar no tratamento de indivíduos com AUTISMO/TEA.

Terapia Fonoaudiológica

É de extrema importância para um indivíduo com AUTISMO/TEA ter acompanhamento fonoaudiológico diferenciado. Ressalto que essa terapia ajuda no diagnóstico diferencial, oferecendo suporte à equipe multidisciplinar para entender os atrasos na linguagem e na fala, pois é muito corriqueiro haver dificuldades envolvendo pontos de deficiência motora na fala. O objetivo geral é auxiliar o indivíduo com AUTISMO/TEA a melhorar a sua comunicação para uma melhor qualidade de vida.

Fisioterapia

A fisioterapia vai trabalhar as desenvolturas motoras do indivíduo com AUTISMO/TEA. Durante o tratamento, atuações principais, como andar, rolar e mover-se, serão trabalhadas, conforme o indivíduo for desenvolvendo sua coordenação motora e sua potência muscular. É possível que familiares sejam orientados pelo fisioterapeuta a fazer os exercícios com a criança ou o jovem em casa.

Terapia Ocupacional

Este tratamento vai depender do nível de comprometimento do AUTISMO/TEA em cada indivíduo. A finalidade é promover a edificação de desenvolturas na higiene e nos cuidados pessoais do indivíduo com TEA, assim como auxiliar na leitura e na escrita, desenvolver a coordenação motora fina, incitar a coordenação motora ampla, a consciência corporal e a integração dos sentidos, entre outros aspectos da vida diária (como melhora da interação social, concentração, expressão dos sentimentos de forma adequada, capacidade de autocuidado e autorregulação). Dessa maneira, é possível reduzir os sintomas e promover a autonomia do indivíduo com AUTISMO/TEA, bem como alargar aptidões pertinentes às agilidades habituais, ao aprendizado em geral e ao ato de brincar. Assim como outras formas de tratamento, promove a melhoria da qualidade de vida do indivíduo com AUTISMO/TEA e estimula a sua independência.

Psicopedagogia

Por meio de intervenções psicopedagógicas, o indivíduo com AUTISMO/TEA apresentará as suas características próprias e peculiaridades, e dessa maneira o psicopedagogo irá conhecê-las e será possível criar vínculos para favorecer a aprendizagem desse indivíduo.

De acordo com Teixeira (2016), para a realização do tratamento do indivíduo com AUTISMO/TEA, é preciso que o psicopedagogo elabore um Plano Individual de Tratamento (PIT).

O PIT consiste em um projeto, elaborado pelo profissional, que contém as intervenções necessárias e seus objetivos, de acordo com as necessidades do indivíduo, o grau de gravidade e a disponibilidade e o engajamento da família para que essas intervenções sejam realizadas. A intervenção deve acontecer de forma individual ou em grupos, para oportunizar a inclusão desse indivíduo, e é necessário orientar profissionais da educação, para que possam auxiliar a pessoa com AUTISMO/TEA em seu aprendizado.

Tratamento medicamentoso

Fármacos antipsicóticos atípicos são bastante utilizados no tratamento do AUTISMO/TEA. Ritalina e risperidona, entre outros, ajudam a aliviar problemas comportamentais ritualísticos, autoprejudiciais e agressivos, por exemplo. Muitas vezes, alguns fármacos são empregados para controlar sintomas específicos, como comportamentos tempestivos e de autolesão, e estabilizar o humor.

Terapia Nutrológica

Trata-se de intervenções na alimentação de crianças e jovens com AUTISMO/TEA. Sabemos que, para muitas crianças e jovens, com ou sem essa condição, existem dificuldades para a escolha de certos alimentos, pela textura, pelo gosto, pela temperatura ou até pela aparência deles. As restrições mais utilizadas são as de glúten, com a presunção de que tirar o glúten da alimentação de crianças e jovens típicos e atípicos, no caso dos que têm AUTISMO/TEA, irá ajudar, principalmente se já são acometidos de doença celíaca.

A doença celíaca é uma doença autoimune causada pela intolerância ao glúten, uma proteína encontrada no trigo, na aveia, na cevada, no centeio e em seus derivados, bem como em massas, pizzas, bolos, pães, biscoitos e alguns doces, o que provoca dificuldade para o organismo absorver os nutrientes e pode causar distúrbios gastrointestinais. O mesmo acontece com a caseína (proteína do leite), a principal proteína presente no leite de vaca, de ovelha ou de cabra, e é rica em aminoácidos como triptofano, leucina e valina, também encontrada em alimentos como: queijos, manteiga, iogurte, entre outros.

No caso de indivíduos com AUTISMO/TEA, deve-se buscar a melhor nutrição, ponderando-se todas as dificuldades alimentares e, sobretudo, procurando identificar se há distúrbios gastrointestinais associados. Estes, sim, podem indicar a necessidade de cuidados especiais baseados em diagnósticos.

Resultados provenientes de diferentes estudos de artigos científicos concluíram que não há proeminências científicas satisfatórias para aprovar a eficácia de dietas ou de complementos alimentares que seriam apropriados para melhorar a conduta das crianças e jovens com AUTISMO/TEA, mas com certeza dietas e complementos alimentares podem se tornar satisfatórios na medida em que forem utilizados de maneira adequada, com orientações de especialistas.

Aromaterapia

A aromaterapia é uma terapia alternativa ainda pouco difundida no Brasil. É um tratamento associado à cura e à promoção de bem-estar da mente e do corpo pelo olfato, utilizando as propriedades dos óleos essenciais. Muitos indivíduos com AUTISMO/TEA fazem uso do óleo essencial, pois ele ajuda autistas a lidar com mudanças, principalmente de uma atividade para outra, e faz com que se desprendam de uma ocupação e partam para outra de forma natural e tranquila.

Também é comum fazer uso do colar aromático (difusor pessoal) com óleos essenciais durante o dia. Os terapeutas recomendam esse procedimento para promover estímulos e relaxamento, bem como para tratar problemas respiratórios, ansiedade, entre outras patologias. Existem comprovações de que a aromaterapia é benéfica para acalmar indivíduos com AUTISMO/TEA, proporcionando mudanças de comportamento.

Devemos acreditar que, dependendo da forma de aplicação e dos óleos essenciais utilizados na rotina de um indivíduo com AUTISMO/TEA, a aromaterapia poderá fazer parte da rotina, desde a preparação para sair de casa até a preparação para dormir. Existem muitas expectativas, e são excelentes os resultados já expostos por familiares que fazem uso de óleos essenciais.

15
Direitos garantidos para indivíduos com autismo

Cabe a cada estado brasileiro assegurar direitos aos indivíduos com AUTISMO/TEA, entre outras deficiências. No entanto, sabemos que, na maioria dos estados, esses direitos não são garantidos e carecem de tratamento individual.

A obrigatoriedade que cabe ao estado está expressamente prevista na lei de apoio às pessoas portadoras de deficiência, em vigor desde 1989, que, em seu artigo 2º, dispõe o seguinte:

> Art. 2º Ao Poder Público e seus órgãos cabe assegurar às pessoas portadoras de deficiência o pleno exercício de seus direitos básicos, inclusive dos direitos à educação, à saúde, ao trabalho, ao lazer, à previdência social, ao amparo à infância e à maternidade, e de outros que, decorrentes da Constituição e das leis, propiciem seu bem-estar pessoal, social e econômico (BRASIL, 1989).

Entre os indivíduos com deficiência compreendidos pela legislação, estão aqueles com AUTISMO.

Os direitos dos indivíduos com AUTISMO no Brasil são assegurados por leis como a Lei Brasileira de Inclusão (LBI) (BRASIL, 2015) e a Lei Berenice Piana (BRASIL, 2012). Ambas consideram as pessoas com diagnóstico de TEA, para todos os efeitos legais, indivíduos com deficiência. Essas leis são as principais mananciais de conhecimento e respaldo nos direitos assegurados de pessoas AUTISTAS e suas famílias. Para um melhor entendimento, discorro sobre as duas leis a seguir.

Por trás da Lei n.º 12.764, de 27 de dezembro de 2012 (BRASIL, 2012) – que é a chamada Lei Berenice Piana –, há uma história de luta e perseverança de uma mãe de um menino diagnosticado com AUTISMO/TEA. Sua busca pela inclusão do filho deu origem à lei, que definiu o transtorno como uma deficiência e estabeleceu direitos como a integridade física e moral e a inclusão social, resguardando a igualdade e a dignidade da pessoa humana. Uma vez reconhecido o AUTISTA como um indivíduo com deficiência, essa condição passou ser abarcada por todos os direitos legais previstos para as pessoas com deficiência.

O artigo 2º do Estatuto da Pessoa com Deficiência (BRASIL, 2015) dispõe o seguinte:

> Art. 2º Considera-se pessoa com deficiência aquela que tem impedimento de longo prazo de natureza física, mental, intelectual ou sensorial, o qual, em interação com uma ou mais barreiras, pode obstruir sua participação plena e efetiva na sociedade em igualdade de condições com as demais pessoas.

Quanto à constatação da deficiência, deve ocorrer por meio de uma equipe multidisciplinar que levará em consideração as funções e as estruturas do corpo, os aspectos psicológicos, a limitação no desempenho de atividades e a restrição de participação de pessoa (BRASIL, 2015).

Na Lei Berenice Piana, é considerado indivíduo com transtorno do espectro autista aquele que possui síndrome clínica caracterizada na forma dos incisos I e II:

> I – Deficiência persistente e clinicamente significativa da comunicação e da interação sociais, manifestada por deficiência marcada de comunicação verbal e não verbal usada para interação social; ausência de

reciprocidade social; falência em desenvolver e manter relações apropriadas ao seu nível de desenvolvimento; II – Padrões restritivos e repetitivos de comportamentos, interesses e atividades, manifestados por comportamentos motores ou verbais estereotipados ou por comportamentos sensoriais incomuns; excessiva aderência a rotinas e padrões de comportamento ritualizados; interesses restritos e fixos. (BRASIL, 2012).

Além de conceituar o TEA, a lei, composta de oito artigos ao todo, estabelece os direitos inerentes de tais pessoas e fixa as diretrizes da política nacional no seu artigo 2º. Entre estas, destacam-se a intersetorialidade no desenvolvimento de ações de atendimento, a participação da comunidade e a atenção integral às necessidades do AUTISTA (BRASIL, 2012).

Os direitos das pessoas diagnosticadas com o transtorno do espectro autista estão enumerados no artigo 3º da Lei da Política Nacional do TEA (BRASIL, 2012) e são os seguintes:

Art. 3º São direitos da pessoa com transtorno do espectro autista:
I – a vida digna, a integridade física e moral, o livre desenvolvimento da personalidade, a segurança e o lazer;
II – a proteção contra qualquer forma de abuso e exploração;
III – o acesso a ações e serviços de saúde, com vistas à atenção integral às suas necessidades de saúde, incluindo;
a) o diagnóstico precoce, ainda que não definitivo;
b) o atendimento multiprofissional;
c) a nutrição adequada e a terapia nutricional;
d) os medicamentos;
e) informações que auxiliem no diagnóstico e no tratamento;
IV – o acesso:
a) à educação e ao ensino profissionalizante;
b) à moradia, inclusive à residência protegida;

c) ao mercado de trabalho;

d) à previdência social e à assistência social.

Parágrafo único. Em casos de comprovada necessidade, a pessoa com transtorno do espectro autista incluída nas classes comuns de ensino regular, nos termos do inciso IV do art. 2º, terá direito a acompanhante especializado.

A Carteira de Identificação da Pessoa com Transtorno do Espectro Autista (Ciptea), mencionada no artigo 3º-A, foi sancionada em 2020 pela chamada Lei Romeo Mion (BRASIL, 2020).

Art. 3º-A. É criada a Carteira de Identificação da Pessoa com Transtorno do Espectro Autista (Ciptea), com vistas a garantir atenção integral, pronto atendimento e prioridade no atendimento e no acesso aos serviços públicos e privados, em especial nas áreas de saúde, educação e assistência social.

§ 1º A Ciptea será expedida pelos órgãos responsáveis pela execução da Política Nacional de Proteção dos Direitos da Pessoa com Transtorno do Espectro Autista dos Estados, do Distrito Federal e dos Municípios, mediante requerimento, acompanhado de relatório médico, com indicação do código da Classificação Estatística Internacional de Doenças e Problemas Relacionados à Saúde (CID), e deverá conter, no mínimo, as seguintes informações:

I – nome completo, filiação, local e data de nascimento, número da carteira de identidade civil, número de inscrição no Cadastro de Pessoas Físicas (CPF), tipo sanguíneo, endereço residencial completo e número de telefone do identificado;

II – fotografia no formato 3 (três) centímetros (cm) x 4 (quatro) centímetros (cm) e assinatura ou impressão digital do identificado;

III – nome completo, documento de identificação, endereço residencial, telefone e e-mail do responsável legal ou do cuidador;

IV – identificação da unidade da Federação e do órgão expedidor e assinatura do dirigente responsável (BRASIL, 2012).

A carteira de identificação está em vigor desde o dia 8 de janeiro de 2020. O autista pode usá-la para tornar efetivo o direito à prioridade de atendimento que lhe é assegurado por lei.

Informações quanto aos direitos do indivíduo com autismo

- O indivíduo com AUTISMO tem direito de ser matriculado em qualquer estabelecimento de ensino, sem recusa de matrícula;
- Tem direito a atendimento prioritário em clínicas, hospitais, entre outros;
- Tem direito ao acesso a medicamentos de alto custo, como canabidiol, ritalina, risperidona e outros;
- As terapias deverão ser realizadas por planos de saúde e também pelo SUS;
- Tem prioridade nas filas em qualquer ambiência em que haja necessidade de espera, como caixas em geral, lojas, parques, cinemas, entre outros;
- Tem direito a vaga especial para estacionar o seu veículo. A vaga é para estacionamento tanto público quanto privado e estende-se para a área azul. Na cidade em que o indivíduo autista reside, é feito um cartão e um adesivo, que deverá ser colado no carro para fins de identificação;
- A meia-entrada no cinema é aceita mediante apresentação da Ciptea, e o desconto é válido também em parques de diversões e eventos culturais, tanto para o indivíduo com Autismo, como também para o seu acompanhante;
- Tem direito ao Benefício de Prestação Continuada (BPC), que corresponde a um salário-mínimo. Só será

concedido quando a renda familiar for inferior a ¼ do salário-mínimo e houver comprovação da deficiência e do nível de incapacidade para vida independente e para o trabalho. O benefício pode ser temporário ou permanente, e deve-se atestar a deficiência por perícia médica e social do Instituto Nacional do Seguro Social (INSS);

• Tem direito a desconto para compra de carros e outras isenções importantes: Imposto sobre Veículos Automotores (IPVA), Imposto sobre Produto Industrializado (IPI), Imposto Sobre Mercadorias e Serviços (ICMS) e, se o veículo for financiado, Imposto sobre Operações Financeiras (IOF).

Para maiores esclarecimentos, os pais devem procurar um advogado que tenha conhecimento sobre o AUTISMO, para que possam ser informados sobre os seus direitos.

Embora as leis brasileiras estejam ainda sendo conhecidas e exercitadas, acredito que, para os indivíduos AUTISTAS terem ascensão eficaz aos seus direitos básicos, é imprescindível ações dos estados em que eles residem. Infelizmente, as leis sancionadas não são suficientes para evitar ações discriminatórias.

Referências

ABUJADI, C. *Estimulação Magnética Transcraniana em indivíduos com autismo.* 2013. Dissertação (Mestrado em Psiquiatria) – Faculdade de Medicina, Universidade de São Paulo, São Paulo, 2013.

ALVARENGA, P.; PICCININI, C. A. Práticas educativas e problemas de comportamento em Pré-escolares. *Psicologia: Reflexão e Crítica,* Porto Alegre, v. 14, n. 3, p. 449-460, 2001.

ASPERGER, H. Autistic psychopathy in childhood. *In*: FRITH, U. (ed.). *Autism and Asperger syndrome.* Londres: Cambridge University Press, 1943. p. 37-92.

ASSOCIAÇÃO AMERICANA DE PSIQUIATRIA (APA). *Manual Diagnóstico e Estatístico de Transtornos Mentais (DSM--III).* 3. ed. Porto Alegre: Artes Médicas, 1980.

ASSOCIAÇÃO AMERICANA DE PSIQUIATRIA (APA). *Manual Diagnóstico e Estatístico de Transtornos Mentais (DSM--IV).* 4. ed. Porto Alegre: Artmed, 2002.

ASSOCIAÇÃO AMERICANA DE PSIQUIATRIA (APA). *Manual Diagnóstico e Estatístico de Transtornos Mentais (DSM-V).* 5. ed. Porto Alegre: Artmed, 2014.

AUTISMO no Brasil. *In*: Wikipédia: a enciclopédia livre. Disponível em: <https://pt.wikipedia.org/wiki/Autismo_no_Brasil>. Acesso em: 27 abr. 2023.

BARON-COHEN, S. The extreme male brain theory of autism. *Trends in Cognitive Sciences,* Oxford, v. 6, n. 6, p. 248-254, 2002.

BARON-COHEN, S.; LESLIE, A. M.; FRITH, U. Mechanical, behavioural and Intentional understanding of picture stories in autistic children. *British Journal of Developmental Psychology*, v. 4, n. 2, p. 113-125, 1986.

BECKER, M. M. *Tradução e validação da entrevista Autism diagnostic interview-revised (ADI-R) para diagnóstico de autismo no Brasil.* 2009. Dissertação (Mestrado em Medicina) – Universidade Federal do Rio Grande do Sul, Porto Alegre, 2009.

BENDA, C. E. *The Child with Mongolism (Congenital Acromicria).* Nova York: Grune, 1960.

BENDER, L. Autism in children with mental deficiency. *American Journal of Mental Deficiency*, Albany, v. 64, n. 1, p. 81-86, 1960.

BERCHERIE, P. A clínica psiquiátrica da criança. *In*: CIRINO, O. *Psicanálise e psiquiatria com crianças*: desenvolvimento ou estrutura. Belo Horizonte: Autêntica, 2001. p. 129-144.

BETTELHEIM, B. *A fortaleza vazia.* São Paulo: WMF Martins Fontes, 1987.

BLEULER, E. *Dementia Praecox ou o Grupo das Esquizofrenias.* Lisboa: Climepsi Editores, 1911.

BOMTEMPO, E. H. C.; ZAMBERLAN, M. A. *A psicologia do brinquedo*: aspectos teóricos e metodológicos. São Paulo: Edusp, 1996.

BORBA, L. O. *et al.* A família e o portador de transtorno mental: dinâmica e sua relação familiar. *Revista da Escola de Enfermagem da USP*, São Paulo, v. 45, n. 2, p. 442-449, 2011.

BOSA, C. Autismo: atuais interpretações para antigas observações. *In*: BAPTISTA, C. R.; BOSA, C. (org.). *Autismo e educação*. Porto Alegre: Artmed, 2002. p. 21-39.

BOSA, C. Autismo: intervenções psicoeducacionais. *Revista Brasileira de Psiquiatria*, São Paulo, v. 28, n. 1, p. 47-53, 2006.

BRASIL. *Constituição da República Federativa do Brasil*. Brasília: Senado Federal, 1988.

BRASIL. *Lei n.º 12.764, de 27 de dezembro de 2012*. Institui a Política Nacional de Proteção dos Direitos da Pessoa com Transtorno do Espectro Autista; e altera o § 3º do art. 98 da Lei nº 8.112, de 11 de dezembro de 1990. Brasília: Presidência da República, 2012.

BRASIL. *Lei n.º 13.146, de 6 de julho de 2015*. Institui a Lei Brasileira de Inclusão da Pessoa com Deficiência (Estatuto da Pessoa com Deficiência). Brasília: Presidência da República, 2015.

BRASIL. *Lei n.º 13.861, de 18 de julho de 2019*. Altera a Lei nº 7.853, de 24 de outubro de 1989, para incluir as especificidades inerentes ao transtorno do espectro autista nos censos demográficos. Brasília: Presidência da República, 2019.

BRASIL. *Lei n.º 13.977, de 8 de janeiro de 2020*. Altera a Lei nº 12.764, de 27 de dezembro de 2012 (Lei Berenice Piana), e a Lei nº 9.265, de 12 de fevereiro de 1996, para instituir a Carteira de Identificação da Pessoa com Transtorno do Espectro Autista (Ciptea), e dá outras providências. Brasília: Presidência da República, 2020.

BRASIL. *Lei n.º 7.853, de 24 de outubro de 1989*. Dispõe sobre o apoio às pessoas portadoras de deficiência, sua integração social, sobre a Coordenadoria Nacional para Integração da Pessoa Portadora de Deficiência – Corde, institui a tutela jurisdicional de interesses coletivos ou difusos dessas pessoas, disciplina a atuação do Ministério Público, define crimes, e dá outras providências. Brasília: Presidência da República, 1989.

BRASIL. *Lei n.º 9.394, de 20 de dezembro de 1996.* Estabelece as diretrizes e as bases da educação nacional. Brasília: Presidência da República, 1996.

BRUSCATO, W. L. A psicologia no hospital da misericórdia: um modelo de atuação. *In*: BRUSCATO, W. L.; BENEDETTI, C.; LOPES, S. R. de A. (org.). *A prática da psicologia hospitalar na Santa Casa de São Paulo*: novas páginas de uma antiga história. São Paulo: Casa do Psicólogo, 2004. p. 17-31.

BURGOINE, E.; WING, L. Identical triplets with Asperger's Syndrome. *British Journal of Psychiatry*, [*s. l.*], v. 143, n. 3, p. 261-265, 1983.

CAMPOS, T. C. P. *Psicologia hospitalar*: a atuação do psicólogo em hospitais. São Paulo: E.P.U., 1995.

CAROTHERS, D. E.; TAYLOR, R. L. Como pais e educadores podem trabalhar juntos para ensinar habilidades básicas de vida diária para crianças com autismo. *Focus on Autism and Other Developmental Disabilities*, Austin, v. 19, n. 2, p. 102-104, 2004.

CENTERS FOR DISEASE CONTROL AND PREVENTION. *Autism Spectrum Disorder (ASD)*. 2017. Disponível em: <https://www.cdc.gov/ncbddd/autism/index.html>. Acesso em: 19 abr. 2023.

CHASTER, P.; LEBOYER. M. Autism risk factors: genes, environment, and gene-environment interactions. *Dialogues in Clinical Neuroscience*, Abingdon, v. 14, n. 3, p. 281-292, 2012.

CHIOTE, F. de A. B. *Inclusão da criança com autismo na educação infantil*: trabalhando a mediação pedagógica. Rio de Janeiro: Wak, 2013.

COHEN, I. L.; SUDHALTER, V. *Pervasive Developmental Disorder Behavior Inventory*. Lutz: Psychological Assessment Resources, 2005.

COLL, C.; MONEREO, C. (org.). *Psicologia da educação virtual*: aprender e ensinar com as tecnologias da informação e da comunicação. Porto Alegre: Artmed, 2010.

CUNHA, E. *Autismo e inclusão*: psicopedagogia e práticas educativas na escola e na família. Rio de Janeiro: Gerente, 2012.

CUNHA, E. *Autismo na escola*: um jeito diferente de aprender, um jeito diferente de ensinar – ideias e práticas pedagógicas. Rio de Janeiro: Wak, 2009.

DIA DO Orgulho Autista. *In*: Wikipédia: a enciclopédia livre. Disponível em: <https://pt.wikipedia.org/wiki/Dia_do_Orgulho_Autista>. Acesso em: 27 abr. 2023.

DIA MUNDIAL de Conscientização do Autismo. *In*: Wikipédia: a enciclopédia livre. Disponível em: <https://pt.wikipedia.org/wiki/Dia_Mundial_de_Conscientiza%C3%A7%C3%A3o_do_Autismo>. Acesso em: 27 abr. 2023.

DUMAS, J. E. *Psicopatologia da infância e da adolescência*. 3. ed. Porto Alegre: Artmed, 2011.

EISENBERG, L.; KANNER, L. Childhood schizophrenia: Symposium, 1955: 6. Early infantile autism, 1943-55. *American Journal of Orthopsychiatry*, Washington, v. 26, n. 3, p. 556-566, 1956.

FEINSTEIN, A. *History of Autism*: Conversations with the Pioneers. London: WileyBlackwell, 2010.

FERRARI, P. *Autismo infantil*: o que é e como tratar. São Paulo: Paulinas, 2012.

FERREIRA, I. *Uma criança com perturbação do espectro do autismo*: um estudo de caso, 2009. Tese (Mestrado em Educação Especial) – Instituto Politécnico de Castelo Branco, Castelo Branco, 2009.

FEZER, G. F. *et al.* Características perinatais de crianças com transtorno do espectro autista. *Revista Paulista de Pediatria*, São Paulo, v. 35, n. 2, p. 130-135, 2017.

FIAMENGHI, G. A.; MESSA, A. A. Pais, filhos e deficiência: estudos sobre as relações familiares. *Psicologia, Ciência e Profissão*, Brasília, DF, v. 27, n. 2, p. 236-245, 2007.

FREITAS, L. C. *et al. Avaliação educacional*: caminhando pela contramão. Petrópolis: Vozes, 2014.

FREUD, A. *O tratamento psicanalítico de crianças*. Rio de Janeiro: Imago, 1945.

GADIA, C. Aprendizagem e autismo. *In*: ROTTA, N. T.; OLHL-WEILER, L.; RIESGO, R. S. (org.). *Transtornos da Aprendizagem*: abordagem neurobiológica e multidisciplinar. Porto Alegre: Artmed, 2006. p. 423-433.

GADIA, C.; TUCHMAN, R.; ROTTA, N. Autismo e doenças invasivas do desenvolvimento. *Jornal de Pediatria*, Porto Alegre, v. 80, p. 583-594, 2002.

GARCIA, T.; RODRIGUEZ, C. A Criança Autista. *In*: BAUTISTA, R. (coord.). *Necessidades educativas especiais*. Lisboa: Dinalivro, 1997. p. 249-269.

GAUDERER, C. *Autismo e outros atrasos do desenvolvimento*: guia prático para pais e profissionais. Rio de Janeiro: Revinter, 1993.

GEISSMANN, C.; GEISSMANN, P. *A criança e sua psicose*. São Paulo: Casa do Psicólogo, 1993.

GOMES, C. G. S.; MENDES, E. G. Escolarização inclusiva de alunos com autismo na rede municipal de ensino de Belo Horizonte. *Revista Brasileira de Educação Especial*, Bauru, v. 16, n. 3, p. 375-396, 2013.

GÓMEZ, A. M. S.; TERÁN, N. E. *Transtornos de aprendizagem e autismo*. São Paulo: Cultural, 2014.

GONZÁLEZ REY, F. *Psicoterapia, subjetividade e pós-modernidade*: uma aproximação histórico-cultural. São Paulo: Thomson, 2007.

HADJKACEM, I. *et al*. Fatores pré-natais, perinatais e pós-natais associados ao transtorno do espectro do autismo. *Jornal de Pediatria*, Porto Alegre, v. 92, n. 6, p. 595-601, 2016.

KANNER, L. Autistic Disturbances of Affective Contact. *The Nervous Child*, Nova York, n. 2, p. 217-250, 1943.

KAPLAN, H. *Um compêndio de psiquiatria*: ciências do comportamento e psiquiatria clínica. 7. ed. Porto Alegre: Artes Médicas, 1997.

KLIN, A. Autismo e Síndrome de Asperger: uma visão geral. *Revista Brasileira de Psiquiatria*, São Paulo, p. 28, n. 1, p. 3-11, 2006.

LAZNIK, M. C. *La recherche PREAUT*: Evaluation d'un ensemble cohérent d'outils de repérage des troubles précoces de la communication pouvant présager un trouble grave du développement de type autistique. [*S. l.: s. n.*], 1998.

LEBOYER, M. *Autismo infantil*: fatos e modelos. Tradução de Rosana Guimarães Dalgalarrondo. Campinas: Papirus, 1995. (Coleção Educação Especial).

LIMA, R. C. A Construção Histórica do Autismo (1943-1983). *Ciências Humanas e Sociais em Revista*, Rio de Janeiro, v. 36, n. 1, p. 109-123, 2014.

LOPES, A. F. S. P. *As necessidades e redes de apoio de famílias de pessoas com perturbação do espectro do autismo*, 2015. Dissertação (Mestrado em Políticas e Serviços de Saúde Mental) – Universidade Nova de Lisboa, Lisboa, 2015.

LOVAAS, O. I. Behavior treatment and normal education and intellectual functioning in young autistic children. *Journal of Consulting and Clinical Psychology*, Washington, v. 55, n. 1, p. 3-9, 1988.

LOVAAS, O. I. The development of a treatment-research project for developmentally disabled and autistic children. *Journal of Applied Behavior Analysis*, Malden, v. 26, n. 4, p. 617-630, 1993.

MALUF, A. C. M. *Brincadeiras para sala de aula*. Petrópolis: Vozes, 2012.

MALUF, A. C. M. *Brincar*: prazer e aprendizado. Petrópolis: Vozes, 2010.

MARQUES, M. H.; DIXE, M. A. R. Crianças e jovens autistas: impacto na dinâmica familiar e pessoal de seus pais. *Archives of Clinical Psychiatry*, São Paulo, v. 38, n. 2, p. 66-70, 2011.

MELLO, A. M. S. R. *Autismo*: guia prático. 7. ed. São Paulo: AMA; Brasília: CORDE, 2007.

MERCADANTE, M. T.; ROSÁRIO, M. C. *Autismo e cérebro social*. São Paulo: Segmento Farma, 2009.

MINISTÉRIO DA MULHER, DA FAMÍLIA E DOS DIREITOS HUMANOS (MMFDH). Cartilha dá dicas de brincadeiras para famílias de crianças com Transtorno do Espectro Autista. *Gov.br*,

Brasília, DF, 21 set. 2020. Disponível em: <https://www.gov.br/mdh/pt-br/assuntos/noticias/2020-2/setembro/cartilha-da-dicas-de-brincadeiras-para-familias-de-criancas-com-transtorno-do-espectro-autista>. Acesso em: 19 abr. 2023.

MONTANDON, C. As práticas Educativas Parentais e a experiência das crianças. *Educação e Sociedade*, Campinas, v. 26, n. 91, p. 485-507, 2005.

NETTINA, S. M. *Prática de Enfermagem*. 9. ed. Rio de Janeiro: Guanabara Koogan, 2012.

OLIVEIRA, P. S. *O que é brinquedo*. São Paulo: Brasiliense, 1984.

OLIVEIRA, V. S. D. *et al*. Fatores pós-natais associados ao desenvolvimento do transtorno do espectro autista – uma revisão de literatura. *In*: FÓRUM DE ENSINO, PESQUISA, EXTENSÃO E GESTÃO (FEPEG), 9., 2015, Montes Claros. *Anais* [...]. Montes Claros: FEPEG, 2015. Disponível em: <http://www.fepeg2015.unimontes.br/sites/default/files/resumos/arquivo_pdf_anais/resumofatoresposnatais_erick_e_victoria.pdf>. Acesso em: 21 abr. 2023.

ORGANIZAÇÃO MUNDIAL DE SAÚDE (OMS). *Classificação de transtornos mentais e de comportamento (CID-10)*: descrições clínicas e diretrizes diagnósticas. São Paulo: EDUSP, 2002.

ORGANIZAÇÃO MUNDIAL DE SAÚDE (OMS). *International Classification of Diseases for Mortality and Morbidity Statistics (ICD-11)*. 11. ed. Genebra: OMS, 2019. Disponível em: <https://icd.who.int/icd11refguide/en/index.html>. Acesso em: 17 abr. 2023.

ORGANIZAÇÃO MUNDIAL DE SAÚDE (OMS). *Manual de classificação internacional de doenças, lesões e causas de óbito (CID-9)*. Genebra: OMS, 1975.

PACÍFICO, M. C. *et al.* Evidências preliminares do processo de validação da Autism Diagnostic Observation Schedule (ADOS): tradução, adaptação transcultural e equivalência semântica para a versão em português do Brasil. *Trends in Psychiatry and Psychotherapy*, Porto Alegre, v. 41, n. 3, p. 218-226, 2019.

PINEAU, G.; PAUL, P. (coord.). *Transdisciplinarité et formation*. Paris: L'Harmattan, 2005.

POSAR, A.; VISCONTI, P. Sensory abnormalities in children with autism spectrum disorder. *Jornal de Pediatria*, Porto Alegre, v. 94, n. 4, p. 342-350, 2017.

POTTER, H. W. Schizophrenia in children. *The American Journal of Psychiatry*, Arlington, v. 89, p. 1253-1270, 1933.

PREMACK, D.; WOODRUFF, G. Does the chimpanzee have a theory ofmind? *Behavioural and Brain Science*, [*s. l.*], v. 1, n. 4, p. 515-526, 1978.

RAIN Man. Direção de Barry Levinson. Los Angeles: United Artists, 1989.

RODRIGUES, J. M. C.; SPENCER, E. *A criança autista*: um estudo psicopedagógico. Rio de Janeiro: Wak, 2010.

ROGERS, S. J. Brief report: early intervention in autism. *Journal of Autism and Developmental Disorders*, Nova York, v. 26, n. 2, p. 243-246, 1996.

ROGERS, S. J.; DAWSON, G. *Intervenção precoce em crianças com autismo*: modelo Denver para a promoção da linguagem, da aprendizagem e da socialização. Lisboa: LIDEL, 2014.

RUTTER, M. Autism research: Lessons from the past and prospects for the future. *Journal of Autism and Developmental Disorders*, Nova York, v. 35, n. 2, p. 241-257, 2005.

RUTTER, M. Diagnosis and definitions of childhood autism. *Journal of Autism and Developmental Disorders*, Nova York, v. 8, n. 2, p. 139-161, 1978.

SANDIN, S. *et al.* The Familial Risk of Autism. *JAMA*, Chicago, v. 311, n. 17, p. 1770-1777, 2014.

SILVA, L. D. da *et al.* O TEA (transtorno do espectro autista) e seu crescimento na contemporaneidade brasileira: um estudo bibliográfico. *International Journal of Development Research*, [*s. l.*], v. 11, n. 9, p. 50255-50257, 2021.

SÍMBOLOS do autismo. *In*: DICIONÁRIO de símbolos: significado dos símbolos e simbologias. [*S. l.: s. n.*], 2023. <https://www.dicionariodesimbolos.com.br/simbolos-autismo/>.

SKUSE, D. H. Extreme Deprivation in Early Childhood. *In*: BISHOP, D.; MOGFORD, K. (ed.). *Language Development in exceptional circumstances*. Hiove: Psychology Press, 2004. p. 29-46.

SPODEK, B; SARACHO, O. N. *Ensinando crianças de 3 a 8 anos*. Porto Alegre: Artmed, 1998.

SUPLINO, M. *Currículo funcional natural*: guia prático para educação na área do autismo e deficiência mental. Brasília: Secretaria Especial dos Direitos Humanos, 2005.

TEIXEIRA, G. *Manual do autismo*. Rio de Janeiro: BestSeller, 2016.

TEMPLE Grandin. Direção de Mick Jackson. Nova York: HBO, 2010.

TEMPLE Grandin. *In*: Wikipédia: a enciclopédia livre. Disponível em: <https://pt.wikipedia.org/wiki/Temple_Grandin>. Acesso em: 27 abr. 2023.

VARELLA, D. Transtorno do Espectro Autista (TEA). *Drauzio*, 30 jan. 2014. Disponível em: <https://drauziovarella.uol.com.br/doencas-e-sintomas/transtorno-do-espectro-autista-tea/>. Acesso em: 19 abr. 2023.

VARGAS, R. M.; SCHMIDT, C. Autismo e esquizofrenia: compreendendo diferentes concepções. *In*: EDUCASUL, 2011, Florianópolis. *Anais* [...]. Santa Maria: EducaSul, 2011. Disponível em: <https://www.ufsm.br/app/uploads/sites/373/2019/02/Rosanita-Moschini-Vargas.pdf>. Acesso em: 19 abr. 2023.

VASQUES, C. K. *Alice na Biblioteca Mágica*: uma leitura sobre o diagnóstico e a escolarização de crianças com autismo e psicose infantil, 2008. Tese (Doutorado em Educação) – Universidade Federal do Rio Grande do Sul, Porto Alegre, 2008.

VYGOTSKY, L. S. *A formação social da mente*. São Paulo: Martins Fontes, 1988.

WAKEFIELD, A. J. MMR vaccination and autism. *The Lancet*, Londres, v. 354, n. 9182, p. 949-950, 1999.

WALKER, S. D. Entre o indivíduo e a sociedade: um estudo da filosofia da educação de John Dewey. *Educar em Revista*, Curitiba, n. 23, p. 365-370, 2004.

WING, L. Perceptual and language development in autistic children: a comparative study. *In*: RUTTER, M. (ed.). *Infantile autism*: concepts, characteristics and treatment. Londres: Churchill, 1971. p. 173-197.

WING, L.; GOULD, J. Severe Impairments of Social Interaction and Associated Abnormalities in Children: Epidemiology and Classification. *Journal of Autism and Developmental Disorders*, Nova York, v. 9, n. 1, p. 11-29, 1979.

WING, L.; GOULD, J. Severe Impairments of Social Interaction and Associated Abnormalities in Children: Epidemiology and Classification. *Journal of Autism and Developmental Disorders*, Nova York, v. 9, n. 1, p. 11-29, 1979.

Conecte-se conosco:

 facebook.com/editoravozes

 @editoravozes

 @editora_vozes

 youtube.com/editoravozes

 +55 24 2233-9033

www.vozes.com.br

Conheça nossas lojas:

www.livrariavozes.com.br

Belo Horizonte – Brasília – Campinas – Cuiabá – Curitiba
Fortaleza – Juiz de Fora – Petrópolis – Recife – São Paulo

  Vozes de Bolso

EDITORA VOZES LTDA.
Rua Frei Luís, 100 – Centro – Cep 25689-900 – Petrópolis, RJ
Tel.: (24) 2233-9000 – E-mail: vendas@vozes.com.br